JESSICA FIRLEJ
Im Namen der Venus

Titel auch als Hörbuch erhältlich

JESSICA FIRLEJ

Im Namen der Venus

Was Frauen Männern sagen wollen

Lübbe LIFE

Dieser Titel ist auch als Hörbuch und E-Book erschienen.

MIX
Papier | Fördert gute Waldnutzung
FSC® C014496
FSC
www.fsc.org

Die Bastei Lübbe AG verfolgt eine nachhaltige Buchproduktion. Wir verwenden Papiere aus nachhaltiger Forstwirtschaft und verzichten darauf, Bücher einzeln in Folie zu verpacken. Wir stellen unsere Bücher in Deutschland und Europa (EU) her und arbeiten mit den Druckereien kontinuierlich an einer positiven Ökobilanz.

Originalausgabe:

Für die deutschsprachige Ausgabe:

Textredaktion: Beate De Salve
Umschlaggestaltung: Manuela Städele-Monverde
Umschlagmotiv: © ONAT PHOTO
Satz: hanseatenSatz-bremen, Bremen
Gesetzt aus der Adobe Garamond Pro
Druck und Einband: GGP Media GmbH, Pößneck

Printed in Germany
ISBN 978-3-431-05046-2

5 4 3 2 1

Sie finden uns im Internet unter
luebbe-sachbuch.de
luebbe-life.de
Bitte beachten Sie auch: lesejury.de

• ACHTUNG!

Das folgende Buch enthält Verallgemeinerungen.

Es soll als Hilfestellung und zu Unterhaltungszwecken dienen.

Ich entschuldige mich in aller Form für die Heteronormativität dieses Buches. In den letzten Jahren habe ich hauptsächlich Männer gedatet und kenne mich deshalb auf diesem Gebiet am besten aus.

LOVE IS LOVE.

Meine Ratschläge richten sich an psychisch gesunde Menschen. Bei tiefergehenden seelischen Problemen empfehle ich, sich professionelle Hilfe zu suchen.

Der Inhalt basiert auf meinen persönlichen Erfahrungen, die ich beim Dating als Single, während meiner ersten Beziehung, mit meiner ersten großen Liebe, einem heftig gebrochenen Herzen und in einer Liebe ohne Zukunftsperspektive gesammelt habe. Er basiert auf Erzählungen, Begegnungen und Gesprächen mit Sexualtherapeuten, Eltern, Prostituierten, Callboys, Millionären, Promis, Arbeitern, Freunden und Familie, auf meinen Gedanken, auf Studien und Statistiken und auf Recherchen, die mich inspiriert haben und mit deren Hilfe ich mich mit dem Mythos Liebe auseinandergesetzt habe. Ich habe mit Menschen gesprochen, nachgefragt und zugehört.

Mein Ansatz ist der einer Journalistin, einer Forscherin und einer guten Freundin.

»Liebe entsteht aus Imagination, einer kreativen Synthese, die darauf abzielt, unsere tiefsten Sehnsüchte und ältesten Träume wahr werden zu lassen, wodurch wir uns erneuern und verwandeln können.«

Ethel Person

Frauen lieben Männer

Wir lieben alles an euch.

Wir lieben eure Abenteuerlust. Wir lieben eure ausgeprägten Kieferknochen, die starken, sehnigen Hände, mit denen ihr uns beschützen und leidenschaftlich packen könnt. Wir lieben eure kratzigen Bartstoppeln. Wir lieben, wie ihr Sachen repariert und unsere Autoreifen aufpumpt, obwohl ihr wisst, dass wir es auch selbst könnten.

Wir lieben, wenn ihr unser größter Fan seid, uns bewundert und stolz darauf seid, uns an eurer Seite zu haben. Und wir lieben es, wie hell ihr strahlt, wenn wir euch zu unseren Helden ernennen.

Wir lieben es, wenn ihr uns fragt, ob uns kalt ist, und uns eure Jacke anbietet, wenn ihr uns bis zur Haustür begleitet und uns die Tür aufhaltet. Und ja, wir lieben es auch, wenn ihr uns Komplimente macht und wenn eure Augen dabei schüchtern und trotzdem frech aufblitzen. Wir lieben es, wenn ihr uns hinterherschaut, und wir lieben es, uns für euch schön zu machen, euch zu verführen. Denn wir lieben es, mit euch zu schlafen, euch zu spüren, eure feste Haut, eure Erregtheit und die Enthemmtheit, die wir bei euch auslösen können.

Wir lieben es, wenn ihr euch um uns sorgt, uns *um*sorgt und uns *ver*sorgen möchtet, auch wenn ihr wisst, dass wir alles schon selbst im Griff haben.

Wir lieben die Mühe, die ihr euch gebt, wenn wir versuchen, euch unsere komplexe Gedankenwelt mitzuteilen. Wir sehen, was ihr alles für uns macht, wie viel Überwindung, Geduld und Mühe es euch kostet, uns zu besänftigen, wenn wir uns in ungerechtfertigte Eifersucht hineinsteigern.

Wir lieben es, wenn ihr an einem unglaublich fiesen Männerschnupfen erkrankt und es zulasst, dass wir euch helfen, wieder gesund zu werden. Wir lieben es, wenn ihr euch von uns trösten lasst und in unserem Arm einschlaft – oder wenn ihr uns in den Arm nehmt und tröstet, egal wie unlogisch euch die Gründe für unsere Tränen auch erscheinen mögen.

Wir lieben euch als Väter unserer Kinder. Wir lieben, wie ihr sie zu starken, furchtlosen Wesen großzieht.

Wir lieben euch.

Wir können gar nichts dagegen tun.

Es gibt wohl kein Thema auf dieser Welt, das uns mehr beschäftigt, über das hitziger und kontroverser diskutiert wird als über die Liebe. Die Suche nach der Liebe ist ebenso wichtig wie das Streben nach Glück, die Frage nach dem Sinn des Lebens oder der Umgang mit dem Tod.

Nicht umsonst gibt es unendlich viele Dating-Portale und -Apps, Liebesratgeber, Beiträge in den sozialen Medien, Videos und vieles mehr, was das Thema in seinen unendlichen Facetten immer wieder aufgreift und dem Zeitalter entsprechend neu einordnet. Nicht umsonst gibt es unzählige Liebes-Coaches und Sexualtherapeutinnen, die mittlerweile wie Superstars gehypt werden, und Dating-Gurus, die Kurse mit Tricks und Tipps für Singles geben.

Sie alle stellen sich den Fragen, die viele nicht mehr loslassen: Warum fällt es den Menschen so schwer, ihre Liebe zu bewahren? Warum verliebe ich mich immer in die falsche Person? Wie hält man die Spannung in einer modernen Beziehung aufrecht? Wie lernt man heutzutage jemanden kennen?

Und: Was, zum Teufel, ist im Moment mit den Männern und Frauen los?

Die Verunsicherung ist groß, die Fronten scheinen verhärteter denn je, der Geschlechterkrieg ist in vollem Gange, die Kluft zwischen Mann und Frau wird immer größer.

Was früher als feste Regel galt und im Umgang zwischen den Geschlechtern als normal empfunden wurde, ist längst komplett über den Haufen geworfen worden. Über alles wird geredet und verhandelt, alles wird bewertet und verurteilt. Das wirft unglaublich viele Fragen auf und sorgt für Unsicherheit – besonders bei Singles und Heranwachsenden, die gerade ihre ersten Berührungen mit der Liebe haben.

Frauen haben es satt, sich mit weniger zufriedenzugeben, als es die Männer tun, und weisen ihre Partner anklagend zurecht. Männer trauen sich nicht mehr, Frauen anzusprechen, weil sie in TikTok-Videos junge Frauen sagen hören, dass sie sich durch ein »Hey, wie geht's?« belästigt fühlen, und Männer deshalb des »Catcallings« beschuldigen.

Männer haben es verlernt, die Signale einer Frau zu deuten, und Frauen, die Signale deutlich genug auszusenden. Viele Frauen haben überhaupt keine Idee mehr, wo sie noch einen potenziellen Partner finden könnten, wenn sie keine Lust auf ihre Arbeitskollegen, Kommilitonen, auf Freunde oder den Cousin der besten Freundin haben. Es gibt unzählige Frauen, die es verärgert, dass ihnen die Männer die Tür nur so lange aufhalten, bis sie ihnen die Tür zu ihrem Schlafzimmer geöffnet haben. Viele Männer fühlen sich in ihrem Ego so gekränkt und sind so entmutigt, wenn sie einen Korb kassieren, dass sie sich gar nichts mehr trauen möchten.

Frauen und Männer sind frustriert darüber, wie schnelllebig das Dating-Verhalten geworden ist und wie schnell man abgesägt wird. Hinzu kommt, dass einem das Internet suggeriert, die Auswahl an potenziellen Partnern sei riesig. Verlockend ist das Angebot in einer Konsumwelt, die auch in Sachen Liebe und Partnerwahl unbewusst unseren Appetit immer wieder anregt und uns von der Frage »Auf was habe ich wirklich Hunger?« ablenkt. Nicht wenige zeigen sich erstaunt darüber, wie viele flüchtige Bekanntschaften sich ein Single ganz ungezwungen eigentlich gleichzeitig warmhalten kann.

Die Liste der Enttäuschungen ist endlos lang, und mit ihnen gehen Schmerz, Frust, Verbitterung, Argwohn und Resignation einher. Die Schuld dafür wird beim jeweils anderen Geschlecht gesucht, statt das eigene Verhalten kritisch zu hinterfragen. Viele suchen den vollkommenen Partner und vergessen darüber ihre eigenen Schwächen.

In der Liebe scheinen wir uns neuerdings mit dem Scheitern am besten auszukennen.

Noch nie war unsere Identitätssuche so stark mit der Partnerwahl verknüpft. Entwicklungen wie Online-Dating und soziale Medien, die Veränderungen bei den Geschlechterrollen, der Feminismus und die Emanzipation tun ihr Übriges, die Unsicherheiten – besonders bei Männern – zu schüren.

Doch während die Welt sich ständig wandelt, bleibt unsere Natur die Gleiche, denn unser Hirn entwickelt sich nicht so schnell wie unser soziales Umfeld. Und doch ist nach wie vor für viele das Einzige, was bleibt und zählt, die Sehnsucht nach einer tiefen Liebesbeziehung, nach einer

Verbindung, nach einer Seelenverwandtschaft. Und so entstehen täglich neue Beziehungen – jede Minute, jede Woche, jeden Monat, Jahr für Jahr.

Liebe ist in allen von uns

Es könnte so einfach sein, einen passenden Partner zu finden, wenn es nicht so schwer geworden wäre, sich einander zuzuwenden.

Wenn wir doch nur lernen könnten, das eigene sabotierende Ego schneller zu erkennen! Wenn wir doch nur lernen würden, Ehrlichkeit zu schätzen und zu ertragen, anstatt dem anderen ein toxisches Motiv zu unterstellen! Wenn wir doch nur unsere wunden Punkte offenbaren würden, damit wir uns gegenseitig besser verstehen, anstatt uns zu verletzen.

Wir alle müssen an uns arbeiten, wir alle haben blinde Flecken.

Ich übersetze im Namen der Venus für euch Männer und sage das, was Frauen euch sagen wollen.

Wie eine beste Freundin.

Feminismus, Gleichberechtigung und Druck in modernen Beziehungen

Heute wollen wir alles von einer Person.

Wir erwarten von einem Menschen, dass er unser bester Freund, unser Liebhaber, unser treuester Gefährte, das aufopfernde Elternteil, ein reflektierter Kritiker und unser größter Fan ist. Wir wollen, dass er uns Liebe und Zuneigung schenkt, aufmerksam ist und an wichtigen Ereignissen unseres Lebens teilnimmt, dass er immer zuhört, gut aussieht und außerdem treu, talentiert, sportlich, lustig, tiefgründig und leidenschaftlich ist.

In der Vergangenheit aber galt die Ehe als praktisches Arrangement, als Konstrukt zur Erhaltung eines guten Lebensstandards – als ein rein ökonomisches Bündnis also. Früher lebten Großfamilien mit mehreren Generationen zusammen in einem Haus oder an einem Ort. Für die Erfüllung der eigenen emotionalen Bedürfnisse war nicht nur eine Person zuständig, sondern man verteilte seine Erwartungen auf mehrere, konzentrierte die Aufmerksamkeit nicht allein auf den Partner.

Heute aber basiert eine Beziehung auf zwei Menschen, die sich aus Liebe miteinander verbinden. Wir haben Sex, weil wir es wollen, und nicht, weil es eine Pflicht ist. Wir kriegen Kinder, weil wir uns damit einen Herzenswunsch erfüllen, unsere Kreativität damit zum Ausdruck bringen oder durch den Nachwuchs den Sinn des Lebens wiederfinden wollen, und nicht, weil wir Hilfe auf dem Hof oder im Familienbetrieb brauchen. Wir trennen uns von unserem Partner, weil wir glauben, ohne ihn glücklicher sein zu können, oder weil die Leidenschaft stirbt – nicht, weil der Tod uns scheidet.

Heutzutage wollen junge Paare erst einmal ihre Zweisamkeit genießen, kalkulieren ihren nächsten Zug.

»Junge Erwachsene betrachten die Ehe zunehmend eher als ›Schlussstein‹ denn als ›Meilenstein‹, also als etwas, was sie anstreben, nachdem sie alles andere erreicht haben«, stellen Forscher des Projekts »Knot Yet« fest.[1]

Mittlerweile weicht das große Haus häufig einer Wohnung mit zwei Zimmern, die helfende Familie ist auf der ganzen Welt verteilt, und unsere Freunde machen ihr eigenes Ding. Dadurch entsteht immer mehr Einsamkeit, die uns erschreckt, die Sehnsucht nach sozialer Interaktion wächst, und wir fokussieren uns verstärkt auf unser Gegenüber. Der Druck und die Erwartungen an eine feste Partnerschaft – an die Person, die wir lieben – sind so groß wie noch nie zuvor. Dabei ist es nicht fair, einem einzigen Menschen all das aufzubürden und sich so stark an jemanden anzulehnen. Es kann nicht von ungefähr kommen, dass viele Singles gar keine Lust mehr haben, so viel Verantwortung zu übernehmen, und dass immer weniger Menschen Interesse an einer ernsthaften Beziehung haben. Denn das Risiko, seinen Liebsten zu enttäuschen und kläglich zu scheitern, ist viel zu groß geworden.

Auch die Rolle der Frau hat sich in den letzten hundert Jahren drastisch verändert. Durch die Emanzipation und die zunehmende Selbstständigkeit der Frau, die nicht mehr per se von einem Mann abhängig ist, stellt sie ganz andere Ansprüche an eine Partnerschaft und somit an den Mann.

Der emotionale Anspruch steht mittlerweile stärker im Fokus, denn wir brauchen einen Mann nicht mehr, um überleben zu können. Längst stehen wir auf eigenen Beinen, jonglieren mit Job, Haushalt, Selbstverwirklichung, Lebenspartner und Kindererziehung, bauen uns ein eigenes Leben auf. Schon lange lassen wir uns nicht mehr alles gefallen, sondern sagen, was uns nicht gefällt. Spätestens seit 1997, neunundsiebzig Jahre nach der Einführung des Wahlrechts für Frauen in Deutschland, gehören Frauen auch rechtlich nicht mehr zum Besitz ihres Ehemannes. Denn seit 1997 gilt die Vergewaltigung in der Ehe als Verbrechen. Davor war nur strafbar, wer sein Opfer mit Gewalt zum außerehelichen Beischlaf zwang. Für die Ehefrau gehörte es bis dahin zu den ehelichen Pflichten, mit ihrem Mann zu schlafen. Dabei hatte sie den Akt nicht nur über sich ergehen zu lassen, sondern auch Zuneigung und Engagement zu zeigen, sodass der Mann auch wirklich befriedigt wurde.[2]

1997 ist nicht das Mittelalter, sondern gar nicht so lange her. Damals war ich fünf Jahre alt. Wenn man sich das einmal vor Augen hält, wird einem bewusst, wie die Dinge damals geregelt waren und wie viel sich seither verändert hat.

Damals gehörte die Frau dem Mann, heute ist er keine Notwendigkeit mehr für sie. Heute spielt die Frau ohne den Mann eine Rolle in der Gesellschaft. Heute wird sie ohne Mann angesehen und respektiert. Heute kann sie für sich entscheiden, ihre Kinder und sich selbst alleine ernähren. Und deshalb wird der Mann heute mit seinem Verhalten konfrontiert – und das nicht nur, wenn es um Sexualität in der Ehe geht. Es reicht nicht mehr aus, der Versorger zu sein, um eine Frau zu halten. Die sichere Anleitung fällt weg. Und wenn Frauen Männer nicht mehr brauchen, dann müssen sie sie wollen, und sie wollen sie nur noch dann, wenn sie ein wirklich guter und liebenswerter Partner sind.

Und so steht der Mann von heute vor der Herausforderung, seine Rolle als Ehemann, Vater und Liebhaber zu überdenken. Vieles, was für ihre Väter und Großväter noch galt, gilt heute nicht mehr.

Man könnte fast behaupten, würde es die Sehnsucht nach Liebe und den Fortpflanzungsdrang nicht geben, hätten Männer und Frauen heutzutage keine Motivation, nach Wegen zu suchen, um wieder besser miteinander zurechtzukommen. Doch die Antwort auf viele großen Fragen des Lebens bleibt die Liebe, und deshalb ist es an der Zeit, sich einander wieder zuzuwenden und nach einem friedlichen Miteinander zu streben, auch wenn das nicht immer so einfach ist.

• Männer und Frauen hassen sich nicht – sie trauen sich nur nicht mehr über den Weg

Die eigenen Bedürfnisse stehen heute mehr im Vordergrund, denn jeder hat ständig Angst, zu kurz zu kommen. Ein endloses Sich-gegenseitig-die-Schuld-Zuschieben, ein schmollendes Hin und Her ist die Folge. Doch dieses erboste Verurteilen der gegenseitigen Bedürfnisse und Wünsche zerrt an den Nerven. Es kommt zu einem respektlosen, in Hohn getränktem Umgang miteinander, während man sich vorwirft, nicht so zu reagieren oder so zu leben, wie es DER Feminismus, DIE Emanzipation, DIE Gesellschaft doch vorsieht. Wir tragen einen Kampf gegeneinander aus, verschränken die Arme, lachen uns aus, um uns vor einem erneuten Angriff zu schützen. Wir stempeln ab, um uns zu erleichtern, behaupten zynisch: »Frauen wollen immer nur …«, und: »Männer denken auch, sie könnten …« Zwei Fronten anstelle von Teambildung.

Häufig sehen sich Männer im Nachteil. Sie meinen, es sei ein Männerbild entstanden, das eine unterentwickelte Spezies zeigt, der eine hochentwickelte Superfrau gegenübersteht.

Mir ist klar, dass es Frauen gibt, die extremen feministischen Bewegungen zugeordnet werden können und die in ihrer Denkweise radikal sind. Sie würden aufschreien, würden sie dieses Buch lesen, und auch mich der Misogynie beschuldigen: weil ich das Verhalten meines eigenen Geschlechts hinterfrage und kritisiere. Es sollte okay sein, als Frau nicht automatisch alles toll zu finden, was eine Frau macht, nur weil sie eine Frau ist. Aber es sollte nun mal auch okay sein, toll zu finden, was eine Frau macht, ohne als Emanze oder Männerhasserin dargestellt zu werden.

Mir ist auch klar, dass genau dieser radikale Teil der Frauenbewegung am lautesten ist und Männer dadurch schnell abgeschreckt werden. Und ja, einige von uns haben den Bogen überspannt und nutzen das aus, wofür unsere Großmütter und Mütter so hart gekämpft haben. Doch radikale Strömungen einer Bewegung gab es schon immer und wird es auch immer geben. Immer dann, wenn ein Pendel extrem in die eine Richtung ausschlägt, wird es notgedrungen auch irgendwann extrem in die andere Richtung ausschlagen, bis es sich eben einpendelt.

Ich verstehe jeden Mann, ob heranwachsend oder gestanden, der gar nicht mehr richtig weiß, wie er sich zu verhalten hat, verunsichert ist und letztlich einfach resigniert. Und doch werde ich manchmal das Gefühl nicht los, dass ein »Ihr wolltet es doch so« von einigen von euch viel zu gern und viel zu oft als Rechtfertigung für alles benutzt wird. Mit diesem Argument lässt sich die Verantwortung für das eigene Fehlverhalten, das Scheitern einer Ehe oder Beziehung viel leichter abgeben.

So spielt der Feminismus letztendlich Männern auch ein wenig in die Karten. Denn ein »Ihr wolltet es doch so« oder »Feminismus ist schuld daran, dass viele Frauen Singles sind«, das uns trotzig entgegengeschleudert wird, fühlt sich wie eine Bestrafung dafür an, dass wir es jemals gewagt haben, den Mund aufzumachen und als ebenbürtige und selbstbestimmte Wesen wahrgenommen werden wollten. Gleichberechtigung und Feminismus werden uns besonders dann unter die Nase gerieben, wenn ihr unsicher werdet, es für euch unbequem wird oder ihr das Gefühl verspürt, dass wir ab jetzt auch einige Vorteile genießen könnten. Doch keine Angst: Es ist genug für alle da. Wir haben 2022. Das Konzept des Feminismus ist nicht, dass alle Männer zur Hölle fahren sollen.

Es ist nicht so, als würde ich die Unsicherheit und den Argwohn nicht nachvollziehen können. Ich verstehe die Angst vor dem Unbekannten, verstehe, dass man sich in Strukturen, die jahrhundertelang als Norm galten, wohlfühlt. Es ist bequem und beruhigend zu wissen, dass jeder seinen Platz zugewiesen bekommt und seine Rolle kennt. Doch Veränderungen sind wichtig und gut, und zwar immer dann, wenn eine bestimmte Gruppe aufgrund des Geschlechts, der sexuellen Orientierung, der Hautfarbe, Herkunft etc. nicht gleichberechtigt ist.

Als Frau gleichberechtigt zu sein, eine Stimme zu haben, das Recht, wählen und arbeiten zu gehen, wenn man denn möchte, das gleiche Gehalt für dieselbe Arbeit zu erhalten wie ein Mann, ein eigenes und autarkes Leben führen zu wollen, nach eigenen Regeln zu spielen, Wünsche äußern zu können, glücklich sein und die eigene Zukunft planen zu wollen, bedeutet aber nicht, dass sich Frauen plötzlich in Männer verwandeln, ihnen Hoden wachsen und Bärte sprießen. Es wird immer einen Unterschied zwischen Mann und Frau geben. Männer und Frauen sind gleichberechtigt – oder sollen es in einigen Bereichen noch werden –, aber nicht gleich. Das ist ein Gedanke, mit dem sich viele Männer schwerzutun scheinen.

Äpfel und Birnen sind beides Obstsorten, trotzdem unterscheiden sie sich im Geschmack und wachsen auf verschiedenen Bäumen. Ich weiß nicht, warum es so viele Männer – und auch Frauen – zu kränken scheint, dass viele von uns zwar Birnen bleiben, aber trotzdem wie Obst behandelt werden wollen.

Das Bindegewebe einer Frau wird nie so stark sein wie das eines Mannes. Die Frau wird immer das Baby austragen und gebären müssen. Egal, wie viel Gleichberechtigung es zwischen Mann und Frau gibt: Ein Mann wird bei einer Frau auf andere Attribute achten als eine Frau bei einem Mann. Er wird anders denken, seine Umgebung visuell, auditiv und taktil anders wahrnehmen als eine Frau. Anatomisch, biologisch, hormonell, biochemisch und emotional wird es diese Unterschiede immer geben!

Evolutionsbedingt wird der Mann immer einen stärker ausgeprägten Sexualtrieb haben als die Frau, weil er theoretisch jeden Tag Nachwuchs zeugen könnte, eine Frau aber faktisch nur alle neun Monate ein Kind in sich tragen und auf die Welt bringen kann. Mann und Frau sind hormonell unterschiedlich programmiert. Männer darauf, sich mit so vielen Frauen wie möglich zu paaren, Frauen, sich mit den besten Männern zu paaren. Der Mann will seine DNA so weit wie möglich verbreiten, die Frau ihre DNA so überlebensfähig wie möglich gebären.

Eine Frau kann nicht gleich auf den ersten Blick erkennen, ob der Mann, der vor ihr steht, Potenzial hat. Sie braucht viel mehr Informationen und hat deshalb auch ein ausgeprägteres Gedächtnis. (Zum Beispiel erinnert sie sich daran, dass er sie vor zehn Monaten, zwei Wochen und drei Tagen beim Eisessen gefragt habt, ob ihre Hose enger sitzt.) Sie beobachtet den Mann intensiver, um festzustellen, ob sie ihn auch wirklich anziehend findet. Erst dann zieht sie in Erwägung, Sex mit ihm zu haben und eventuell sogar eine Familie zu gründen. Bei einem Mann hingegen reicht oft der Blick auf ihre sanduhrartige Figur, ihr seidiges Haar, ihre gut durchbluteten Lippen und ihr gebärfreudiges Becken, um zu dem Schluss zu gelangen, dass er mit dieser Frau gesunde Nachkommen zeugen könnte.

Und ja, Frauen wählen einen Partner, von dem sie glauben, dass er den Nachwuchs versorgen kann. Das bedeutet notgedrungen auch, dass wir Frauen stärker auf die Ressourcen, die Bildung oder die Kreativität eines Mannes achten. Frauen wählen ihre Partner aus derselben oder einer höheren sozioökonomischen Schicht aus. Nicht alle, aber im Großen und Ganzen ist es das, was Frauen machen. Daran gibt es nichts zu kritisieren, und daran ist auch nichts Verwerfliches.

Evolutionär betrachtet trägt die Frau ein viel größeres Risiko bei der Auswahl eines Partners. Immerhin geht die Belastung der Schwangerschaft, der Geburt und des ersten Lebensjahres, in dem das Neugeborene die ganze Aufmerksamkeit der Mutter braucht, voll auf ihre Kosten. Frauen sind deshalb wählerischer und suchen einen Partner, der in der Lage ist, Ressourcen in Form von Zeit, Zuneigung, aber auch von materiellem Wert zur Verfügung zu stellen, um Sicherheit bieten zu können.

Männer haben auch so ihre Eigenarten bei der Auswahl ihrer Partnerin. So wird einem Mann das Aussehen einer Frau nie komplett egal sein können. Ja, er wird sogar in sehr vielen Fällen das Aussehen über den Charakter oder das große Herz einer Frau stellen.

Unser Verhalten liegt in unserer Natur begründet. Doch solange wir nicht aufhören, Andersartigkeit mit Minderwertigkeit gleichzusetzen, wird der Graben zwischen den Geschlechtern immer tiefer werden.

Und diesen Geschlechterkrieg habe ich echt satt.

Jeder Mann und jede Frau hat das Recht, sich frei zu fühlen. Dafür ist es essenziell herauszufinden, was einem selbst und was dem anderen wichtig ist. Es gilt, miteinander zu kommunizieren und individuelle Absprachen zu treffen, sich das Beste aus beiden Welten herauszusuchen, um ein glückliches Leben zu führen.

Warum sollte das gerade in der heutigen Zeit nicht gehen? Warum sollte es in Bezug auf Liebe und Partnerschaft eine politische Korrektheit geben?

Ein traditioneller Mann kann eine moderne Frau bevorzugen.

Die Feministin kann es von ihrem Partner einfordern, im Bett dominiert zu werden, weil sie es dort liebt, unterwürfig zu sein.

Eine Frau kann Boxmeisterin sein und es trotzdem wichtig finden, dass der Mann sie bis zur Tür begleitet und sie beschützt.

Die Frau kann arbeiten gehen, sich von ihrem Mann einladen lassen, ihm dennoch die Wäsche bügeln und für ihn kochen, wenn er das mag, und trotzdem kann der Mann sich hauptsächlich um das Kind kümmern.

Oder die Frau finanziert den Mann, während er sich um den Haushalt kümmert, aber er trifft alle wichtigen Entscheidungen.

Oder der Mann verdient viel Geld, während die Frau den ganzen Tag Bilder malt und die Putzfrau das Haus in Ordnung bringt. Und wenn der Mann nach Hause kommt, kocht er ein Festmahl und befriedigt seine Frau, nachdem er abgewaschen hat.

Oder aber ein Ehepaar besteht auf getrennten Wohnungen, Autos und Konten, um die Kindererziehung kümmert sich nur die Frau, und der Vater ist eher wie ein lieber Onkel, der hin und wieder zu Besuch kommt.

Oder eine Frau entscheidet sich dazu, ihren Körper zu verkaufen, will sich aber privat nichts ausgeben lassen.

Oder, oder, oder …

Gleichberechtigung, Feminismus und Emanzipation haben nichts damit zu tun, Erwartungen zu erfüllen, die an eine Frau gestellt werden. Vielmehr geht es darum, ein selbstbestimmtes Leben in Freiheit zu genießen und Entscheidungen zu treffen, die darauf basieren, sich in allen Bereichen ihres Lebens, fern von gesellschaftlichen Zwängen oder Fremdbestimmung, zu entfalten und ihr eigenes Potenzial auszuschöpfen.

Gleichberechtigt zu sein bedeutet auch, das Anderssein seiner Mitmenschen auszuhalten. Man kann sich auch mögen, unterstützen und die gleichen Chancen haben, wenn man nicht derselben Meinung ist.

Und wo genau hat ein Mann dadurch Nachteile?

• Warum wählerische Frauen nicht arrogant sind

Wir arbeiten hart an uns. Wir stellen täglich hohe Ansprüche an uns, damit wir die beste Version unserer selbst werden.

Wen verwundert es da, dass wir uns auch von unserem Partner nicht alles bieten lassen wollen? Einige beginnen nach dem ersten »Blindgänger«, der ihnen das Herz gebrochen hat, andere in den mittleren Jahren eine Therapie, um zu lernen, sich endlich selbst zu spüren, die eigenen Emotionen zu verstehen und die Vergangenheit aufzuarbeiten. Wir investieren in unsere Reifung, in unsere Persönlichkeit und in unser Wachstum, haben an uns selbst geschliffen und gefeilt.

Und irgendwann haben wir dann vor allem eins: die Nase voll von Männern, bei denen wir unsere eigenen Bedürfnisse zurückstecken und ständig diskutieren müssen. Wir sind fertig mit Männern, die uns belügen, die uns manipulieren, für die wir die Mutter spielen müssen. Wir geben uns mit zu wenig Mühe und Aufwand nicht mehr zufrieden. Wir rasen nicht mehr um zehn Uhr abends zu einem Mann, nur weil er uns eine Nachricht schickt. Wir blockieren unseren Abend nicht mehr für ein »Vielleicht sehen wir uns später«. Es reicht uns nicht mehr, einen Mann einmal in der Woche zu sehen. Wir suchen nicht mehr nach Rechtfertigungen für sein Verhalten, sein Nicht-Auftauchen, sein Hinhalten. Wir erwarten ab jetzt einfach mehr von einer Beziehung, und dazu gehört, dass sie emotional erfüllt und befriedigt und dass jeder Verantwortung für sein Verhalten übernimmt.

Ja, wir erwarten ab jetzt. Erwartungen zu haben und Ansprüche daran zu haben, wie wir behandelt werden wollen, gehört mit zur Weiterentwicklung. Erwartungen und Ansprüche zu haben bewahrt einen davor, lausige Erfahrungen zu machen, die einem das Herz brechen. Zu erwarten heißt, sich selbst treu zu bleiben.

Bei unseren Ansprüchen geht es nicht darum, einen Katalog mit Ausschlusskriterien durchzugehen. Es geht auch nicht darum, wie der Mann aussieht, welche Kleidung er trägt oder ob er ein Instrument spielen kann, sondern darum, wie er uns behandelt, wie wir uns in seiner Gegenwart fühlen, ob wir zueinander passen, wie aufmerksam er ist. Deshalb wünschen wir uns einen Mann, der uns ebenbürtig ist, der an sich gearbeitet hat und der beziehungsfähig ist.

Natürlich gibt es auch Frauen, die sich auf dem Weg der Selbstoptimierung verloren haben und sich nun komplett selbst überschätzen. Mit ihrer neuen Anspruchshaltung degradieren sie jeden Mann und jede Frau und heben sich selbst als »fertiges Wesen« in den Himmel. Den Satz »Kenne deinen Wert« interpretieren sie völlig falsch. Sie nutzen ihn gerne bei jedem kleinsten menschlichen Makel oder dem winzigsten Fehler, den ein Mann sich erlaubt, und schießen alle gnadenlos ab. Seinen eigenen Wert zu kennen bedeutet jedoch vielmehr, eine innere Haltung zu haben und das auch auszustrahlen, und das ohne es ständig jedem auf die Nase binden zu müssen.

Natürlich wirkt diese kompromisslose Selbstvergötterung abschreckend und blockiert die Suche nach einem Partner. Denn eine Partnerschaft dient auch dazu, das jeweilige Verhalten in Wechselwirkung zu korrigieren. In einer Partnerschaft wird man von seinem Gegenüber ständig gefordert, sich mit sich selbst auseinanderzusetzen. Mit einer kritikunfähigen Frau ist das schier unmöglich. Doch ich bin mir sicher, dass ihr zwischen Größenwahn und gesunder Haltung unterscheiden könnt.

Wenn ihr einmal ehrlich interessiert hinter die Fassade schaut, werdet ihr schnell erkennen, was hinter unserem »Wählerisch-Sein« steckt.

Natürlich wollen wir Frauen diesen einen Partner, der mit uns auf Augenhöhe ist, der sich schon einmal mit sich selbst und seinen Schwächen befasst hat und der Frage, wer er ist und welches mächtige Potenzial er in sich trägt, auf den Grund gegangen ist. Wir suchen nach jemandem, der seine eigene Vergangenheit – zum Beispiel durch eine Therapie – aufgearbeitet hat und seine Gefühle hinterfragt. Jemanden, der weiß, wie man mit einer Frau umzugehen hat, eben *weil* er viel von sich selbst hält und sich in seinem Verhalten die eigene Selbstliebe widerspiegelt. Aber noch viel mehr haben wir Angst davor, dass unser Herz wieder gebrochen werden könnte. Dass wir uns wieder für einen Mann entscheiden, der uns nur etwas vormacht und uns belügt, weil er seine eigenen Motive verfolgt.

Diesmal soll es wirklich klappen. Und diesmal wissen wir, worauf wir achten müssen; wir kennen die »Roten Flaggen«, die sich bereits am Anfang herauskristallisieren, wir können die Warnzeichen schneller erkennen. Jetzt wissen wir auch: Die störenden Dinge, die wir am Anfang gewillt sind zu ignorieren, erweisen sich später oft als Trennungsgrund.

Ja, das bedeutet, dass wir wählerischer sind, und das bedeutet auch, dass wir rigoroser aussortieren und nicht mehr alles lächelnd durchgehen lassen. Und ja, das bedeutet, dass der ein oder andere den Eindruck gewinnen könnte, wir seien arrogant. Dabei wissen wir jetzt einfach nur viel besser, was wir wollen, und auch, was wir einem Mann zu bieten haben. Deshalb erlauben wir es uns, Ansprüche zu stellen und unsere Standards zu kommunizieren. Auf viele Männer mag das abschreckend wirken, weil unsere Liebe offenbar nicht wirklich bedingungslos ist, sondern daran geknüpft zu sein scheint, wie sicher wir uns in eurer Gegenwart fühlen.

Liebe Männer, ihr müsst verstehen, dass wir so nicht vorgehen, weil wir euch fertigmachen wollen, grundsätzlich ablehnen oder sogar hassen. Vielmehr wollen wir uns in erster Linie selbst schützen und es diesmal richtig machen. In der Regel sind wir empfänglich für einen Mann, bei dem wir spüren, dass er nicht sofort zurückschreckt, sondern durch Offenheit und Beständigkeit signalisiert, dass er wirklich an uns interessiert ist. Wir mögen Männer, bei denen wir spüren, dass sie ihr Wissen über sich selbst und über die Frauen in die Fähigkeit umgewandelt haben, uns ein Gefühl der Sicherheit zu vermitteln, auch wenn das viel Arbeit bedeutet. Und erst dann verwandelt sich unsere Liebe, die vermeintlich an Bedingungen geknüpft ist, zu der bedingungslosen Macht, die jede von uns tief in sich verborgen trägt. Und dann werdet ihr in den Genuss dieser strahlenden und wärmenden Liebe kommen.

Und wenn ihr ehrlich seid, stellt auch ihr hohe Ansprüche an Frauen. Die Frauen, die euren Erwartungen dann entsprechen, werden eure feste Freundin oder sogar eure Ehefrau. Ihr seid genauso wählerisch, wenn es darum geht, eine Frau fürs Leben auszuwählen. Ihr wollt auch die Richtige, die zu euch passt und die all eure Kriterien erfüllt. Ihr seid nur eben nicht so wählerisch, wenn es darum geht, eine auszuwählen, mit der ihr schlafen wollt. Denn ihr schlaft auch durchaus gerne mit Frauen, die euren Anforderungen nicht entsprechen, oder mit Frauen, die ihr nicht mal besonders leiden könnt. Denn für Sex reicht's.

Frauen, die aber auf eine ernsthafte Beziehung aus sind, wollen das nicht und versperren euch somit den Weg zum kurzen Glück. Das kann natürlich ärgerlich sein, wenn die meisten Frauen plötzlich etwas von euch erwarten, bevor sie mit euch körperlich intim werden. Wie oft bekommen wir zu hören, wir sollten einfach nur unsere Ansprüche herunterschrauben und nicht so wählerisch sein, dann würde es schon klappen – für euch würde es dann klappen, für uns weniger.

Oder aber ihr sagt uns Dinge, die wir hören wollen – und viele von euch würden ALLES sagen, um uns rumzukriegen. Manche von uns springen sogar darauf an, schrauben auch hier und da an den eigenen Standards, weil wir euch glauben, bis … ja, bis wir euch dann irgendwann mitteilen: »Wir wollen mehr!«

• Es ist »OUT«, beziehungsunfähig zu sein

Ich denke, dass jede Frau im datingfähigen Alter den Satz »Ich bin beziehungsunfähig« in dieser oder einer abgewandelten Form mindestens einmal im Leben von einem Mann hören musste. Und spätestens, nachdem dieser Satz einmal zu uns gesagt wurde, rollen wir mit den Augen. Wir hassen diesen Satz! Es zieht sich alles in uns zusammen, wenn wir ihn hören, denn diese Aussage stinkt bis zum Himmel!

Im Laufe unseres Lebens wird es zwangsläufig passieren, dass wir schlechte Erfahrungen machen. Ich persönlich kenne zumindest niemanden, der nicht mindestens einmal in Sachen Liebe ausgenutzt, einer großen Chance beraubt oder durch eine andere Person im eigenen Selbstwert gemindert wurde. Es scheint so, als müsste jeder mindestens einmal im Leben die Erfahrung machen, dass einem etwas Wertvolles genommen wird und man dadurch für eine gewisse Zeit alle Hoffnung, jeden Glauben an das Gute, die Liebe, seine Träume und die Unschuld verliert.

Jeder von uns macht Erfahrungen, schlechte und gute. Davor kann sich niemand wirklich schützen, wenn er am sozialen Leben teilnehmen und vor allem der Liebe eine Chance geben möchte. Wenn wir es riskieren zu lieben, machen wir uns verletzlich. Punkt.

Doch wir können nichts für eure alten Wunden. Wir können nichts dafür, dass eure Hoffnungen von einer anderen Frau enttäuscht wurden, dass eine Trennung verletzend war oder eure Zuneigung nicht erwidert wurde. Wir wollen nicht für die Fehler zahlen müssen, die eine Frau vor uns gemacht hat. Arbeitet an euch, nehmt euch Zeit, lasst eure Wunden heilen. Ihr könnt euch gar nicht vorstellen, welch Anstrengungen viele Frauen nach einer Trennung in Angriff nehmen, um wieder zu sich selbst zu finden und sich darüber klar zu werden, wie es so weit kommen konnte.

Oft beschleicht mich das Gefühl, dass Männer sich nach einer Trennung keine Aufarbeitungsphase gönnen. Stattdessen stürzen sie sich direkt auf andere Frauen, schlafen mit einer nach der anderen, machen Party, trinken und rauchen. Auf diese Weise betäuben sie ihren Schmerz, statt sich auf sich selbst zu fokussieren. Der nächsten Freundin wird dann all das einfach übergestülpt. Sie wird mit in die Tiefe gerissen, seine Ex als Beobachterin im Nacken, mit der sie zu allem Überfluss ständig insgeheim verglichen wird.

Es fühlt sich unfair an, wenn ihr eure gescheiterten Beziehungen als Vorwand nutzt, euch auf nichts mehr einlassen zu können, und eure Vergangenheit vorschiebt, um nicht mit uns in der Gegenwart leben zu müssen. Neue Menschen in sein Leben und sein Herz zu lassen bedeutet, mutig zu sein. Das kann sich lohnen.

Es ist nicht cool, beziehungsunfähig zu sein. Es ist viel eher eine Ausrede – dafür, dass ihr euch konkret mit dieser einen Frau, der ihr eure Beziehungsunfähigkeit entgegenschmettert, keine Beziehung vorstellen könnt. Ihr liebt sie nicht, und ihr wollt sie nicht – zumindest nicht alles von ihr. Seid so ehrlich und sagt uns das. Schiebt es nicht auf ein Problem, an dem einige Menschen, die wirklich darunter leiden, hart zu knabbern haben. Zu lügen, weil ihr eine Frau nicht verlieren wollt, obwohl ihr ihr nicht geben könnt, was sie braucht oder möchte, ist einfach nur egoistisch. Denn ein Mann, der den Fluss einer Kennenlernphase mit dem Vorwand der Beziehungsunfähigkeit blockiert, wird zum Entscheider. Ihr bestimmt in dem Moment, in welche Richtung die weitere Reise geht und ob daraus etwas Ernstes wird oder nicht. Für einige Frauen kann das ziemlich irritierend, verletzend und auch irreführend sein. Und andere, die bereits etwas für euch empfinden, stürzt ihr damit tatsächlich ins Unglück. Von Hoffnung getragen, werden sie es zulassen, dass ihr sie warmhaltet. Sie werden akzeptieren – und daran zerbrechen –, der Beilagensalat zu sein, in dem ihr herumstochert, während ihr auf euren Hauptgang wartet.

Niemand möchte eine Übergangslösung sein, denn es ist nur eine Frage der Zeit bis zum bösen Erwachen. Irgendwann werdet ihr die Frau kennenlernen, der ihr plötzlich all das geben werdet, was sich die andere die ganze Zeit so sehnlichst von euch gewünscht hat: Beständigkeit, Liebe, Sicherheit und Ehrlichkeit.

Brutale Ehrlichkeit wissen mehr Frauen zu schätzen, als ihr euch eingestehen möchtet. Wir empfinden Respekt und Bewunderung dafür, wenn ein Mann uns mit rücksichtloser Ehrlichkeit schützt. Es ist ein Geschenk für uns, vor allem in der Retrospektive. Denn was ihr nicht kapiert, ist: Während ihr denkt, dass wir schon verstehen, dass ihr nichts Ernstes mit uns wollt, weil ihr uns wenig schreibt, nie auf Dates ausführt, keine Pläne mit uns macht und uns sagt, dass ihr momentan nicht auf was Ernstes aus seid, hören wir: »MOMENTAN ist er nicht auf was Ernstes aus, aber wenn ich lang genug bleibe und er sieht, wie toll ich bin, dann wird das Momentan zu einem Bald.« Also am besten erklärt ihr uns immer wieder, als wären wir »dumm«, dass ihr nicht mit uns zusammen sein wollt – denn wir müssen es immer wieder hören, um darauf basierend eine Entscheidung zu treffen, die nicht immer zu euren Gunsten ausfallen wird.

Bei den Erfahrenen unter uns ist jedoch alles, was das Wort »beziehungsunfähig« auslöst, folgender Reflex: Renn!

Solltet ihr Glück haben, wird eine von uns der Ehrgeiz packen. Sie wird versuchen, euch als Projekt zu sehen, wie den Kochkurs, den sie macht, oder die neuen Stricknadeln, mit denen sie versucht, sich einen Oversized-Schal in Neongelb zu stricken. Vielleicht wird sie euch sogar unverbindlich ranlassen. Doch spätestens, wenn auch sie durchschaut hat, wie banal, feige und uninteressant ein Mann ist, der sich mit einer Beziehungsunfähigkeits-Brosche ausgezeichnet hat, wird sie euch fallenlassen und weiterziehen, so wie sie die Stricknadeln in den Tiefen ihres Schranks vergessen und das Pesto weiterhin im Supermarkt kaufen wird. Denn wir erfahrenen Frauen wissen: Dort draußen gibt es Männer, die uns wollen und die für uns da sind, wenn ihr es nicht seid.

Wir sind auch ungeduldig, ich weiß schon, und manche von euch brauchen einfach ein bisschen länger, um herauszufinden, ob die Frau, die vor euch steht, auch wirklich jemand ist, mit dem ihr eine Beziehung mit Zukunftsperspektive führen wollt. Erschwerend kommt hinzu, dass unser Ego erst einmal alles rationalisiert. Eine aufkeimende Liebe löst in uns widersprüchliche Gedanken aus, und dieser kleine Gnom aus unserem Schutzbunker flüstert uns ins Ohr: »Wir könnten jemanden Besseren finden.« Und genau dann kommt auch noch diese unangenehme Frage nach dem »Was sind wir eigentlich?«. In der Anfangsphase kann diese Frage jedoch ganz subtil und geschickt beantwortet werden, sodass wir uns wertgeschätzt und gesehen fühlen und ihr trotzdem ganz in Ruhe herausfinden könnt, was ihr eigentlich von uns möchtet. Stellt euch den unangenehmen Fragen. Nennt die Sache beim Namen und sagt: »Wir führen eine Beziehung, in der wir uns gerade kennenlernen.«

Denn ob ihr wollt oder nicht: Ihr führt mit jeder Frau eine Beziehung, der ihr eure Zeit und Energie schenkt. Sie ist es euch offenbar wert, ihr einen Teil eures Lebens und eurer Zeit – und damit des Kostbarsten, was ihr habt – zu widmen. Ihr wisst nur noch nicht, wie es ausgeht.

Respektiert es als das, was es ist, bevor ihr in Panik geratet und mit dem Wort »beziehungsunfähig« um euch werft. Manchmal ist es vielleicht schon eine Beziehung, auch wenn sie sich noch auf nichts bezieht – die Zukunft, die gemeinsame Vision –, aber trotzdem ist es ja eine Beziehung, wenn sich zwei Menschen voneinander angezogen fühlen und Dinge miteinander tun! Diese kleine Erkenntnis sollte schon einmal den Druck ein wenig rausnehmen.

Beruhigt euch und besänftigt sie, wenn ihr wirklich noch nicht einschätzen könnt, wohin es gehen soll. Ihr werdet ihr mit dieser neuen Lässigkeit eine feinere, würdigere Chance geben, euch kennen- und schätzen zu lernen – und umgekehrt. Und auch wir Frauen drehen dann weniger am Rad.

Beziehungen sind für Frauen übrigens genauso furchteinflößend wie für euch. Wir alle haben Angst. Neue Aufgaben und das Unbekannte stressen uns. Unser Ego ist arbeitsscheu, und die Gewohnheit lähmt uns. Das ist übrigens auch der Grund dafür, dass wir, wenn wir im Urlaub shoppen gehen, am Ende doch in den bekannten Ketten landen, die es auch in Deutschland gibt, anstatt nach einzigartigen Schätzen in der italienischen Boutique in der Seitengasse zu suchen. Uns treibt es auch den Angstschweiß auf die Stirn, wenn es um Themen wie »Ab jetzt für den Rest des Lebens neben ihm aufwachen«, »Zusammenziehen« oder »den Eltern und Freunden vorstellen« geht. Wir wollen das auch nicht mit jedem. Wir wollen das nur, wenn uns einer von euch wirklich gefällt. (Ja, genau, versteht es als Kompliment.)

Sich fallenzulassen, bedingungslos hinzugeben und eine Entscheidung zu treffen für ein »Für immer« mit einer einzigen Person … Was, wenn man sich dem Falschen hingibt?!

Diese Frage schwebt auch in unseren Köpfen herum, und deshalb brauchen wir von euch dieses kleine bisschen Sicherheit. Erst mit Ruhe im Herzen können wir unsere feminine Energie zulassen und unbeschwert in die Kennenlernphase gehen. Wir wollen einschätzen können, ob es sich lohnt, an euch festzuhalten, ob ihr die gleiche Vision vom Leben habt wie wir und ob es eine Chance auf ein echtes Kennenlernen gibt. Denn wir wissen genau, dass wir nicht frei für den Richtigen sind, solange wir uns mit dem Falschen aufhalten.

Sich mit halben Sachen zufriedenzugeben ist unbefriedigend. Keiner hat das verdient. Wir möchten ein Gefühl dafür bekommen, ob ihr bereit seid, uns zuzulassen. Selbst wenn eine wundervolle Partnerin vor euch steht, tun manche von euch wirklich alles dafür, ein tatsächliches Zusammenkommen zu boykottieren. Die Angst vor einer innigen Verbindung ist bei diesen Männern so groß, dass es ihnen einfacher vorkommt, sich selbst zu sabotieren und schon mal darauf hinzuarbeiten, den Schmerz der Trennung heil zu überleben, als den Schock der Liebe auszuhalten.

Wer seid ihr in einer Beziehung? Welche Rolle wollt ihr nicht spielen? Traut euch zu sagen, wie es ist. Riskiert es, euch zu offenbaren. Ehrlichkeit ist sexy, Mut übrigens auch. Frauen sind dankbar für einen klaren Ist-Zustand – vorausgesetzt natürlich, ihr wisst, was ihr wollt. Damit tut ihr nicht nur ihr, sondern auch euch selbst einen großen Gefallen, denn dadurch wird die Erwartungshaltung neutralisiert und von der Fantasieebene in die Realität zurückgeholt. Erwartungen werden nur dann nicht erfüllt, wenn man sich davor Unwahrheiten zurechtgelegt hat, weil man die Wahrheit nicht kannte.

Und da wären wir auch schon beim nächsten Punkt …

• Sagt ihr doch einfach, wenn ihr sie nur fürs Bett wollt

Wenn ihr der Typ Mann seid, der den Fokus auf den Moment des Erlebens richtet und weniger darauf, eine Partnerin fürs Leben zu finden, dann ist das voll und ganz okay. Nur sagt es!

Die meisten von euch verbinden sich erst einmal körperlich mit einer Frau, bevor sie schauen, ob es auch zwischenmenschlich passen könnte. Dabei geht es mehr um das Jetzt-Wollen als darum, an ein Morgen, geschweige denn an ein »Für immer« zu denken. Verständlich. Nur wird der Sex oft als rein körperliche Bedürfnisbefriedigung angesehen und die Kraft der Sexualität dabei stark unterschätzt.

Sex bindet immer. Denn die Hormone, die bei der körperlichen Vereinigung und danach ausgeschüttet werden, fesseln uns an den Bettgenossen. Beim Orgasmus schütten wir Frauen das Hormon Oxytocin aus, das dafür sorgt, dass eine enge Bindung zu euch entsteht. Oxytocin wirkt wie Klebstoff und ist auch der Grund, warum Frauen nach dem Sex nicht mehr klar denken können, während ihr eher davor ein Problem damit habt.

Im primitiven Teil unseres Gehirns denken wir nach dem Sex, dass wir jetzt von euch schwanger sind und ihr der Vater unseres Kindes seid. Dieser Teil in uns will, dass ihr euch an uns bindet, um euch mit uns um den Nachwuchs zu kümmern und das Überleben des Babys zu sichern.

Bei Männern ist das Zusammenspiel der Hormone nach dem Sex ein anderes, was übrigens auch einer der Gründe dafür ist, dass Frauen Männer, die sie gut finden, lieber eine Weile warten lassen. Ihr sollt euch erst ein bisschen in uns verlieben, damit ihr uns nach der Bettnummer nicht fallen lasst!

So viel zu diesem kleinen Exkurs. Kommen wir nun zurück zu unserem eigentlichen Thema: Wie einer Frau klarmachen, dass ihr nur an Sex interessiert seid?

Es ist wirklich so einfach, wie es sich liest. Meistens ist euch doch bereits in den ersten Minuten einer Begegnung mit einer Frau klar, was ihr euch potenziell mit ihr vorstellen könnt. Im Grunde habt ihr sogar schon noch früher den Durchblick: Ihr wisst doch am besten, wozu ihr euch bereit fühlt und was ihr euch in der aktuellen Lebenslage zutraut. Ihr kennt euch so gut wie sonst keiner, also hört auf euch, auf euer Bauchgefühl und sprecht mit uns!

Wenn ihr ehrlich sagt, dass ihr nur an Sex interessiert seid, und euch auch ihr gegenüber so verhaltet, seid ihr zumindest fein raus, sollte es doch zu unerwarteten Komplikationen kommen, wie dass die Frau sich in euch verliebt. Schließlich hat sie sich auf die Sache eingelassen. Solltet ihr euch dann in Zukunft nicht mehr treffen können, könnt ihr euch jedenfalls immer noch normal und ohne peinliche Szenen auf der Straße grüßen.

Ihr seid nicht alleine.

Wenn ihr nur auf eine unverbindliche Begegnung aus seid, dann vertraut darauf, dass ihr auf ein weibliches Pendant (und nicht nur auf eins) treffen werdet. Es gibt Frauen, deren Bedürfnisse, Erwartungen und Vorstellungen genau mit euren übereinstimmen, die genau das wollen, was ihr auch wollt: einen feuchten Traum ohne Kuscheln oder mit, Sex ohne Kopfschmerzen, ohne Rechtfertigungen, die reinste Form der Erleichterung, die Entladung der sexuellen Spannung, Lust ohne Verpflichtung, Spaß ohne Verbindlichkeiten, alleine leben, alleine sein. Es gibt so viele freiheitsliebende, sich ausprobierende, körperliche, wunderbare, zärtliche, laszive, intelligente, tolle Frauen vom Typ »einsame Wölfin«, die sich holen, was sie wollen. Frauen, die genau darauf stehen und die genau das wollen, worauf ihr aus seid. Haltet euch doch bitte an genau diese Damen. Traut Frauen zu, dass sie ähnlich ticken wie ihr, dass sie auch nur Sex mit euch wollen.

Es kann nicht so schwer sein!

Ihr kauft doch auch nur ein Auto, das eurem Budget und euren Vorstellungen entspricht, den Wagen, bei dem ihr das bekommt, was ihr auch wollt.

Stellt euch vor, ihr investiert in ein Auto, das der Verkäufer euch mit eurer absoluten Wunsch-Ausstattung verspricht. Ihr macht eine kleine Testfahrt um den Block, unterschreibt den Vertrag, einen Tag später haltet ihr den Schlüssel in der Hand, das Fahrzeug gehört euch. Ihr freut euch, steigt ein, fahrt – durchströmt von Glücksgefühlen – damit herum. Doch nach hundert Kilometern müsst ihr auf einmal entsetzt feststellen, dass es langsam, aber sicher auseinanderfällt. Ihr seht genauer hin: Die Felgen wurden mit Silberfarbe bepinselt, sie blättert ab. Die Sitze sind nicht aus feinem Leder, sondern mit einem günstigen Imitat einfach nur an der Unterseite festgetackert. Der Auspuff wurde mit einem Draht an … nun, was auch immer da unten an Autos ist, befestigt und klappert eigentlich. Das Radio lässt sich nicht mit Bluetooth verbinden, das Handschuhfach klemmt, der Kilometerstand wurde manipuliert, und ganz viele andere tolle Sachen, die ihr an einem Auto gerne hättet und die euch vom Händler garantiert wurden, funktionieren doch nicht richtig. Kurz: Die Karre ist eine Mogelpackung. Euch wurde etwas anderes versprochen, als ihr bekommen habt. Auch bekannt als: Ihr wurdet reingelegt, geflachst, man hat euch eiskalt verarscht und für dumm verkauft. Aber der Verkäufer hat euer Geld und damit ganz genau das, was er wollte.

Natürlich regt ihr euch auf. Natürlich kriegt ihr ab jetzt zu viel, wenn ihr von Autohändlern und -mechanikern hört. Natürlich ratet ihr ab jetzt eurem Kumpel, besonders genau hinzuschauen und beim Autokauf vorsichtig zu sein.

Genau so geht es Frauen, denen ihr nicht ehrlich sagt, wo ihr steht, sondern euere Absichten tunt, weil ihr den Deal abschließen wollt. Ihr seid wie der Mogel-Autohändler.

Hört auf, in den Seelen der Frauen herumzupfuschen, die sich binden möchten. Der Frauen, die nach Liebe suchen und euch Sex geben, in der Hoffnung, so aus der instabilen Bindung eine stabile zu machen. Hört auf, ihnen Hoffnung zu machen, sie zu manipulieren, sie zu überreden, ihnen zu unterstellen, sie seien zu dumm, um es zu kapieren, und würden es nicht anders wollen. Hört auf, sie zu täuschen, sodass sie am Ende gar nicht anders können, als bitter enttäuscht zu sein. Hört auf, daraus ein Spiel zu machen, euch selbst damit aufzuwerten, dass ihr sie vermeintlich »geknackt« habt. Hört aber vor allem auf, es euch damit so verdammt leicht zu machen.

Ich kenne keine einzige Frau, die nicht mindestens einmal im Leben auf solch eine Art der Manipulation reingefallen ist. Es ist leider oft so, dass wir Frauen nicht verstehen, dass wir euch nie durch Sex dazu bringen werden, euch in uns zu verlieben, dass es sogar kontraproduktiv sein kann, vor euch die leichte, lockere Frau zu geben, mit der alles spaßig ist.

Wenn der Sex aber nun mal immer das ist, was ihr von uns wollt, und wir dadurch eure Zeit und Aufmerksamkeit gewinnen, werden wir unsere Körperlichkeit weiter einsetzen. Während ihr also genau das bekommt, was ihr wollt – und manchmal sogar viel einfacher, als ihr dachtet –, bekommen wir immer weniger von dem, was wir uns von euch wünschen. Dann werden nur noch unsere körperlichen Bedürfnisse erfüllt.

Natürlich werdet ihr auf Widerstand stoßen und einiges abkriegen, wenn ihr einer Frau klarmacht, dass ihr nur an ihrem Körper interessiert seid. Das gilt ja auch umgekehrt: Es gibt kein gnadenloseres Geschöpf als eine Frau, die in die Bewertung geht, weil sie nur den Körper eines Mannes will. Sie ist definitiv nicht gewillt, über all die Schönheitsfehler hinwegzusehen, die sie durch die Brille der Liebe normalerweise nicht beachtet oder vielleicht sogar anziehend gefunden hätte. Das muss man auch als Mann erst einmal ertragen können. Aber zurück zu euch Männern, wenn ihr eine Frau zwar als coolen Typen zu schätzen wisst, euch aber nicht mehr mit ihr vorstellen könnt. Natürlich werdet ihr damit nicht jede flachlegen können, die euch gefällt. Natürlich werdet ihr mit Zurückweisungen konfrontiert werden und in die »Friendzone« geschoben werden.

In die »Friendzone« geschoben zu werden scheint für ganz viele Männer ein unerträgliches Schicksal zu sein, besonders für die selbsternannten »Guten«.

Wozu die Aufregung? Männer »friendzonen« Frauen genauso oft, auch die »Guten«. Der einzige Unterschied ist: Männer, die eine Frau »friendzonen«, schlafen trotzdem mit ihr und nennen es dann »Freundschaft plus«.

Also, worüber genau seid ihr so empört? Denn mit einer Frau befreundet zu sein macht ganz vielen Männern ja offensichtlich gar nichts aus, aber eben nur dann nicht, wenn sie gewisse Vorzüge dabei genießen können.

Die Gemeinsamkeit, die ihr mit den Frauen habt, die von euch »gefriendzoned plus« werden: Ihr präsentiert euch von Anfang an nicht als der potenzielle Partner, mit dem nichts anderes als eine Beziehung infrage kommt. Denn es kann euch nicht passieren, in die »Friendzone« gesteckt zu werden, wenn ihr euch nicht als Kumpel, sondern als Mann ins Spiel bringt, der frau gerne kennenlernen würde, um eine Beziehung mit ihr zu führen. Wenn ihr an einer Frau interessiert seid und ihr das klarmacht und sie auf eure Avancen nicht weiter eingeht, müsst ihr nichts mehr mit ihr zu tun haben. Brecht den Kontakt ab. Wenn ihr stattdessen aber versucht, ihr trotzdem näherzukommen, auf Treffen eingeht und nett zu ihr seid, nette Dinge für sie macht, in der Hoffnung, dass sie euch eines Tages ranlässt, weil sie merkt, was für eine tolle Person ihr seid, seid ihr selbst dran schuld und ein bisschen falsch und auch manipulativ.

Es wird Männern passieren, dass sie abgewiesen werden, wenn sie ehrlich sagen, dass sie nur Sex wollen. Doch genauso oft passiert es eben Frauen, dass sie sich in einen unehrlichen Mann verlieben, der ihnen alles erzählt, was sie hören wollen, nur um an Sex zu kommen.

Ich verstehe, dass es leichter und angenehmer ist, etwas vorzuspielen, um an ein Ziel zu kommen. Klar, das macht Sinn. Aber es gäbe viel weniger verbitterte und verzweifelte Frauen auf dieser Welt, die Männer als »Arschlöcher«, »Narzissten« und »Wichser« beschimpfen, wenn Männer einfach endlich damit anfangen würden, ihnen zu sagen, was sie wirklich wollen. Seid so ehrlich und steht euren Mann. Es ist nichts Tolles daran, eine Frau durch leere Versprechungen erst um den Finger zu wickeln, um sie dann künstlich auf Distanz zu halten, indem ihr ihr entweder einen psychischen Knacks oder eine bessere Version von euch selbst vorspielt. Wie wäre es stattdessen im Laufe eines Gesprächs mit einem charmanten »Ich habe Lust auf Sex mit dir. Du auch?«. Was meint ihr, wie treffsicher dieser Satz bei den Richtigen landet? Mithilfe dieser Ansage werdet ihr viel effizienter und ohne Frust genau die Frauen anziehen, die in dem Moment zu euren Bedürfnissen passen. Und es erspart beiden Seiten viele zermarternde Gedanken, eine Menge Drama, Tränen, Probleme, Eifersuchtsszenen, Risse im Selbstbewusstsein; der Betroffenen zudem Schlafmangel und Gefühlschaos, eventuell auch Kalorien – und ihrer besten Freundin eine Menge Zeit!

Das muss man als Frau erst einmal ertragen, wenn man jemanden kennenlernt und sich darüber freut, wie toll er ist, welche netten Sachen er zu einem sagt und wie viel Mühe er sich gibt – und dann, wenn er einen mal dort hat, wo er einen haben wollte, hört man morgens nur noch die Grillen zirpen, kein »Guten Morgen, Sonnenschein« mehr. Doch die Frau bleibt und hält fest, weil sie sich die wunderbaren Worte des Mannes, wie ein leicht entferntes Echo, immer wieder ins Bewusstsein ruft. Sie bleibt so lange, bis es für beide Seiten unerträglich wird, bis kein Treffen mehr lustig und von Leichtigkeit getragen ist. Stattdessen hängen nur noch düstere Fragen über ihrem Kopf, und auch der Sex verliert an Qualität, weil sie nur noch darüber nachgrübelt, wer gestern an ihrer Stelle in seinen Laken lag und warum es ihm reicht, sie nur einmal die Woche zu sehen.

Auch ich erinnere mich an eine Situation, in der ich mich habe täuschen lassen. An eine Situation, in der sein »Du verdrehst mir den Kopf« *mir* den Kopf verdreht hat und sein

»Im Gegensatz zu den anderen interessierst du mich menschlich« mich über Wochen getragen hat. Disney-Lieder singend bin ich durch den Alltag geschwebt. Erst als sich die Rauchwolken des Feuers meiner Verknalltheit immer weiter auflösten, habe ich verstanden, dass er diese schönen Sachen nur dann sagte, wenn ich nicht meine Periode hatte. Dass die Versprechen, die er mir gab, und die Ausflüge und gemeinsamen Aktivitäten, die er mir in Aussicht stellte, nur dazu dienten, mich bei Laune zu halten, wenn eine seiner anderen Optionen keine Zeit hatte. Ab dem Moment konnte ich seine spontanen »Du fehlst mir so, ich will dich jetzt sehen« endlich als das deuten, was sie waren: billige Booty Calls.

Aber da war es zu spät. Inzwischen war ich bereits so verliebt in ihn, dass es lange dauerte, bis ich endlich die Kraft hatte zu gehen. Ich weiß noch, wie ich mir dachte, dass ich so dankbar gewesen wäre, wenn er einfach ehrlich zu mir gewesen wäre. Und ich weiß auch noch, wie sehr ich mich der Chance beraubt fühlte, selbst zu entscheiden, ob ich mich auf seine Regeln einlassen will oder nicht. Aber am besten erinnere ich mich daran, wie oft ich mir gewünscht habe, dass er mich loslässt und freigibt, denn er hat gesehen, wie sehr ich ihn liebte und es deswegen nicht konnte, und er wusste, dass er meine Gefühle nicht erwidert.

Der Mann, den ich danach datete, stellte mir bei unserem ersten Treffen die Frage: »Warum verlieben sich Frauen eigentlich immer in einen?«

Ich würde lügen, wenn ich behaupten würde, ich hätte nicht das unbändige Bedürfnis verspürt, ihm ins Gesicht zu schlagen. Stattdessen erhob ich mich nur wortlos und ging.

Frauen verlieben sich nicht einfach so immer unkontrolliert und ausnahmslos in einen Mann. Er muss ihr schon Gründe dafür geben.

• Sie wird nicht Ja sagen, nur weil ihr zu allem Ja sagt

Wenn wir schon bei unbändigem Verlangen sind: Immer wenn mir Ja-Sager begegnen, verspüre ich dieses dunkle, diabolische Kitzeln von aufkeimender Aggression und Wut in mir. Ich will meine Finger zu kleinen Krabbenzangen formen und diesen Menschen in die Wangen zwicken, bis sie rot werden. Ich will ihn auflaufen lassen, ihn zum Stottern und zum Schwitzen bringen, ihn mit einem jokerartigen Grinsen bewusst in die Enge drängen. Ja, ich möchte ihn so lange quälen, bis er endlich etwas sagt, was er auch wirklich so meint.

Ich hatte einmal ein Date mit einem Anwalt aus Stuttgart, nennen wir ihn David. Ich warnte ihn, dass die Bahnfahrt nach Frankfurt ganz schön lang sei, um mal eben einen Kaffee zu trinken, aber er blieb beharrlich (löblich) und stieg letztendlich in den Zug, um mich zu besuchen. Den Rahmen steckte ich davor klar ab: keine Erwartungen, kein Druck. Ich wollte auf keinen Fall, dass es auf irgendeine Art und Weise »creepy« werden würde. Er stimmte zu, und ich holte ihn vom Bahnhof ab.

Und da stand er dann – mit einem Köfferchen. Eigentlich war in dem Moment die Sache für mich auch schon erledigt.

Wir fuhren zu einem Italiener im Nordend, den ich schon immer einmal ausprobieren wollte.

Der Typ sah älter aus als auf den Fotos, und alles an ihm wirkte weich, irgendwie teigig. Ich erkannte an seiner Körperhaltung, an der Art und Weise, wie er lief, wie er neben mir saß und wie er mich anschaute, dass er bereit war, sich mir völlig zu unterwerfen, weil er mir gefallen wollte. Ich konnte gar nicht anders, als mich überlegen zu fühlen.

Ich provozierte ihn mit Fragen und konfrontierte ihn mit seinen ständigen Widersprüchen. Als er zum Beispiel sah, wie ich meine Augenbrauen kritisch hochzog, während er mir erzählte, dass er noch Kontakt zu seiner Ex-Freundin habe, entschärfte er seine Version in Sekundenschnelle in ein »Ja, ich habe sie letztens in der Bahn gesehen, da haben wir uns gegrüßt, aber Kontakt haben wir nicht mehr wirklich«.

Dann erkundigte ich mich, warum es ihm so viel ausmachen würde, seine Mutter finanziell zu unterstützen, wenn er doch alle Mittel dazu hätte.

»Findest du das fair?«, fragte ich, nachdem er gemeint hatte, er sehe es nicht ein. »Ich meine, tun dir die dreihundert Euro, die deiner Mutter alles bedeuten und offenbar sehr helfen würden, denn weh? Wenn du mein Sohn wärst, ich würde mich für dich schämen. Was hat sie dir denn getan, dass du so zu ihr bist?«

Ich sah die winzigen Schweißperlen auf seiner Stirn und seine nervösen, fahrigen Hände, mit denen er nichts mehr anzufangen wusste. Er versuchte sich aus meiner Schlinge zu winden und verhedderte sich in seinen Erklärungen, während ich den immer schwächer werdenden Körper wieder und wieder vom Beckenrand zurück ins Wasser schubste. Es machte mir großen Spaß, ihn auflaufen zu lassen, indem ich ihm offen und unverblümt darlegte, wie ätzend ich ihn fand. Und es war mir völlig egal, wie es ihm dabei ging, weil David wirklich ein Scheißkerl war.

Ich gab mir nicht einmal Mühe, höflich zu überspielen, wie sehr ich mich langweilte. Als er zu allem Überfluss auch noch das Thema Sex anschnitt und das Wort mit einem weichen »S« aussprach, also »Secks«, war bei mir endgültig der Ofen aus.

»Ich will ganz bestimmt nicht beim Tiramisu mit dir darüber reden, ob ich es beim S E X …« Ich sprach das Wort bewusst in einer Lautstärke gerade so an der Grenze des für ihn Erträglichen und so zischend wie nur möglich aus und machte danach eine etwas längere Pause. (Schon wie eine verwöhnte Göre, ich weiß, aber es machte solchen Spaß!) »… wichtig finde, dass man aus sich rausgeht.«

»Wie geht der Abend jetzt weiter?«, wollte er wissen, und ich sah vor meinem geistigen Auge sein Köfferchen in meinem Auto liegen.

»Ich will nach Hause. Und ich fahre dich jetzt in ein Hotel«, bestimmte ich.

Er bestand trotzdem darauf, die Rechnung zu übernehmen, und wir liefen schweigend nebeneinanderher. Als wir schließlich in mein Auto stiegen, flehte er buchstäblich.

»Lass mich doch einfach nur bei dir schlafen! Ich verspreche dir, ich lasse dich in Ruhe! Lass mich einfach nur bei dir übernachten!«

»Ich will dich aber nicht bei mir zu Hause haben«, sagte ich.

Noch nie hatte ich einen Satz so sehr gemeint wie diesen. Ich traute dem Kerl nicht.

»Ich bin hierhergekommen«, erinnerte er mich. »Der Zug hat fünfzig Euro gekostet, das Abendessen neunzig. Wenn ich jetzt noch ein Hotelzimmer nehme, gebe ich einfach so über zweihundert Euro für den Abend mit dir aus.«

Ich fuhr wortlos weiter, sagte nichts dazu, obwohl ich vor Wut roten Ausschlag auf der Brust bekam. Die Nudeln hatten ihm ja wohl auch geschmeckt, und ich hatte ihn nicht nur gewarnt, sondern auch mehrfach beteuert, dass ich meine Rechnung selbst bezahlen würde.

»Fahr mich zum Bahnhof«, bat er schließlich resigniert.

Noch bevor ich seinen grauen Herrenmantel in der Bahnhofshalle verschwinden sah, löschte ich seine Nummer.

Macht das nie. Fahrt nie über hundert Kilometer für ein Date, ohne vorher einmal kurz einen Videocall miteinander gemacht zu haben. Fahrt nie hundert Kilometer zu einem Date in der Hoffnung, dass sie Mitleid mit euch hat und euch bei sich schlafen lässt, weil sie sich auf irgendeine Weise dazu verpflichtet fühlt.

Und stellt uns *niemals* ein Date in Rechnung, das ihr freiwillig und vermeintlich ritterlich angetreten seid. Vor allem aber: Versucht nie mit aller Gewalt so zu sein, wie ihr denkt, dass ihr sein müsst, um einer Frau zu gefallen. Ihr werdet im Normalfall nicht bekommen, was ihr wollt, und ihr habt es auch nicht mit einer Geisteskranken zu tun, die nicht rafft, was ihr da versucht. Wir sind nicht dumm. Wir verstehen das. Und es ist unsexy.

Hätte David es weitergetrieben, hätte ich ihn meine Wohnung putzen lassen, nur um ihn dann doch ins Hotel zu fahren.

Späßchen.

Keiner mag Ja-Sager. Keiner mag es, wenn jemand nicht authentisch ist. Ihr auch nicht.

Darum stempeln Frauen die Gutaussehenden als Arschlöcher ab, während die »Hässlichen« die guten Frauen abkriegen

Hässlichkeit ist relativ, und Schönheit liegt im Auge des Betrachters. Wir Frauen bewerten »hässliche« Männer (1–5 auf einer Skala bis 10) häufig als relativ schön.

Ihr fragt euch, warum das so ist? Ihr wollt endlich wissen, warum Niklas immer alle Neunen und Zehnen absahnt, obwohl er geradeso eine gut gemeinte Sechs ist? Das Geheimnis ist: Die »Hässlichen« sind einfach nicht so unfassbar faul wie die Gutaussehenden. Während die Schönlinge früh die Erfahrung gemacht haben, dass sie einfach nur dastehen und hübsch aussehen müssen, um die Aufmerksamkeit der Frauen zu bekommen, haben die »Durchschnittlichen« gelernt, dass sie eines ihrer anderen Attribute weiter ausbauen müssen, um bei Frauen landen zu können.

Ein Mann, der sich nicht auf sein Äußeres verlassen kann, hat oft an seinen kommunikativen Fähigkeiten gearbeitet und deshalb viel interessantere Dinge zu erzählen als ihr. Das können auch lustige oder richtig nerdige, eigenartige Themen sein, an die man sich am nächsten Tag noch erinnert. (Er wird sich wahrscheinlich auch ein wenig mit Astrologie auskennen, obwohl er eigentlich nur etwas von Astronomie hält.) Was ich sagen will: Die »Hässlichen« knien sich oft richtig rein in die Materie, sind nicht selten besonders belesen und untermalen ihre Anekdoten mit einer wunderbar ausgeklügelten Prise Charme. Im Idealfall werden sie immer einen Weg finden, das Gespräch am Leben zu halten, sind aufmerksam und verfügen auch noch über gentlemanlike Manieren.

Wenn wir einem solchen Mann begegnen, spüren wir, dass er sich Mühe gibt, und plötzlich können wir gar nicht anders, als diesen eigenartigen Mann einfach nur toll und anziehend zu finden.

»Ich weiß auch nicht, er hat was«, werden wir am nächsten Morgen über ihn sagen. »Sicher, er wirkt vielleicht merkwürdig und ganz anders als die anderen Männer, aber das ist ja gerade das Süße an ihm. Er ist was Besonderes.«

Ein »hässlicher Mann« ist für uns der bessere Mann.

• Weshalb Frauen eifersüchtig sind

Ich sag es einfach, wie es ist: Ihr seid ganz oft nicht der Grund.

Eifersucht ist, aus evolutionärer Sicht, ein wichtiges Gefühl und war einmal sehr wertvoll. Es hat den Kindern unserer Vorfahren bessere Überlebenschancen beschert. Unseren Vorfahren ging es unterbewusst darum, den Mann durch die Eifersucht der Frau an sich zu binden, damit er nicht umhergeht und mit ganz vielen anderen Frauen Nachkommen zeugt, denn das wiederum hätte bedeutet, dass er auch diese Kinder ernähren muss. Der eifersüchtige Mann wiederum verhinderte aus demselben Grund, dass die Frau von einem anderen Mann schwanger wurde und er dann Kuckuckskinder großziehen musste. Die Eifersucht tragen wir also bereits in unseren Genen. Sie ist dazu da, unsere weitergegebene DNA zu schützen und die Überlebenschance für unseren Nachwuchs bestmöglich zu sichern.

Auch heute noch ist die Eifersucht tief in uns verankert. Doch in modernen Beziehungen kann ein solches Besitzdenken kontraproduktiv, lähmend und belastend für beide Parteien sein. Immerhin leben wir in einem Zeitalter, in dem wir aufgeklärt, kultiviert, wissend und bewusst leben. Da scheint es nicht mehr legitim zu sein, sich besitzergreifend zu verhalten, ja es kann sogar beschämend wirken.

Eifersucht ist ein negativ behaftetes Gefühl. Der Eifersüchtige wird nicht nur belächelt, wenn er sein Empfinden zugibt, es wird ihm häufig sogar unterstellt, sich nicht im Griff zu haben, und er wird für seinen Kontrollverlust gedemütigt. Schnell entsteht der Eindruck, der Eifersüchtige sei schlechter als jemand, der dieses Gefühl nicht kennt, und es sei falsch, Eifersucht zu empfinden.

Auch der Philosoph Roland Barthes schrieb: »Als Eifersüchtiger leide ich vierfach: weil ich eifersüchtig bin, weil ich mir meine Eifersucht zum Vorwurf mache, weil ich fürchte, dass meine Eifersucht den anderen verletzt, weil ich mich von einer Banalität knechten lasse. Ich leide darunter, ausgeschlossen zu sein, aggressiv zu sein, verrückt zu sein und gewöhnlich zu sein.«[3]

Eifersucht ist kein schönes Gefühl. Es schmerzt, es führt zu Streit, es vergiftet die Stimmung und unsere Gedanken.

Spätestens dann, wenn Eifersucht krankhafte Ausmaße annimmt, sollte das Problem professionell angegangen werden.

Ich kenne viele Frauen – mich selbst und meine Freundinnen mit eingeschlossen –, die, wenn sie die Wohnung ihres Freundes betreten, erst einmal alles wie einen Tatort inspizieren. Sie suchen die Bettwäsche nach fremden Haaren ab, kontrollieren im Bad, ob die Zahnbürste noch an Ort und Stelle liegt, und fragen sich, warum er ihre Ohrringe in der Schublade »versteckt« hat. (Ein Ex-Freund scherzte immer: »Was sollen denn die ganzen anderen Frauen denken, wenn sie die sehen?«) (Fun Fact: Später kam raus, er hat sie wirklich versteckt, weil er ständig andere Frauen zu Besuch hatte.)

Einige Frauen schauen auch in Schubladen, ob sie Rückbleibsel von einer Frau in Gestalt von Haargummis, Fotos oder Unterhosen finden. Sie schauen unter dem Bett nach, entdecken vielleicht sogar verblasste Blutflecken auf dem Matratzenschoner (ich möchte nicht weiter ausführen, wann und wie wir das heimlich anstellen), die nicht von ihr stammen, und rasten förmlich aus. Wenn eine Frau nach einem Grund sucht, um eifersüchtig zu sein, wird sie auf jeden Fall einen finden oder einen kreieren.

Wir Eifersüchtigen wissen sehr wohl, dass ihr vor uns wahrscheinlich schon andere Freundinnen hattet, und wir wissen auch, dass wir höchstwahrscheinlich nicht die Erste sind, mit der ihr Sex habt. Auch wir selbst haben ja eine Vergangenheit, aber für Logik ist in solchen Momenten kein Platz.

Die Angst, dass ihr mit einer anderen Person mehr, Besseres oder Schöneres erlebt haben könntet als mit uns, zerfrisst uns Eifersüchtigen. Auch wenn das egoistisch, absurd und widersprüchlich ist. Die meisten Frauen wollen einen erfahrenen Mann, der weiß, was er tut, aber bloß keinen, der vor uns jemanden gedatet hat, mit dem er mehr Spaß hatte. Wir sehen unsere besondere Stellung in eurem Leben bedroht, wir wollen in die Geschichte eures Lebens eingehen, WIR wollen unseren Fingerabdruck dort verewigen, uns unvergesslich in eure Erinnerung einbrennen. WIR WOLLEN DAS MONSTER ERSCHAFFEN!

Dass wir eifersüchtig sind, liegt also gar nicht an eurem knackigen Po, dem andere Frauen hinterherschauen, und auch nicht an eurem trainierten Sixpack. Meist rasten wir auch nicht wegen des schlitzohrigen Lächelns aus, das wir so sexy an euch finden, und auch nicht wegen eures ausgeklügelten Gitarrenspiels, für das andere Frauen euch so anhimmeln, und ebenso wenig wegen des unwiderstehlich gut riechendes Parfüms, das ihr auftragt, bevor ihr rausgeht. Nein, das alles ist es in der Regel nicht.

Im Gegenteil: Wir lieben an euch, dass ihr all das könnt, Interessen habt und gut ausseht. Sonst wären wir nicht mit euch zusammen.

Und wir vertrauen euch Männern auch im Großen und Ganzen. Wir vertrauen darauf, dass wir mit euch die richtige Wahl getroffen haben und dass ihr wisst, was ihr an uns habt. Wir vertrauen darauf, dass ihr klug genug seid, nicht weiter Lotto zu spielen, wenn ihr bereits den Jackpot geknackt habt.

Ihr als Person seid im Normalfall nicht der eigentliche Grund, warum wir ausflippen, unsere Ohren anfangen zu glühen und unsere Wangen rot werden, weil das Blut in uns wallt. Vielmehr ist es unser Ego, das sich bedroht fühlt.

Es ist die Angst, zu wenig zu bekommen, zu kurz zu kommen. Es ist das Entsetzen, das wir verspüren, wenn wir nicht verstehen, wie ihr überhaupt auch nur eine andere Frau anschauen könnt, wo ihr doch bereits ein Bild der Vollkommenheit und Perfektion an eurer Seite habt. Es ist die Haarfarbe oder die Haarstruktur der anderen Frau, die kleineren, strafferen Brüste oder die breiteren Hüften. Es ist die Frage, ob ihr ein Körperteil der anderen Frau lieber an uns sehen würdet oder euch insgeheim wünscht, dass wir so aussehen wie sie.

Das ist unlogisch, ja, aber wann ging es bei Eifersucht je um Logik? Bei Eifersucht geht es meistens nur um uns selbst. Die Eifersucht ist *unser* Problem.

Es ist unsere eigene Unsicherheit, die Eifersucht auslöst, weil wir einfach nie mit uns zufrieden sind, weil wir uns mit der Frau, mit der ihr euch gerade so nett unterhaltet, vergleichen. Wir tun oft nur so, als wüssten wir ganz genau, wie begehrenswert und toll und sexy wir sind.

Was jetzt folgt, wird einige Leser verwirren: Viele von uns sind immer noch im Zwiespalt gefangen zwischen dem netten, guten und bodenständigen Mädchen, das wir einmal waren, und der selbstbewussten, gestandenen Frau, die um ihre Wirkung und ihre feminine Kraft weiß. Wir wissen eigentlich, wie toll wir sind und welches Potenzial wir in uns tragen. Doch ist dieses Bewusstsein noch nicht ganz ausgereift, weshalb wir manchmal ewig brauchen, um an uns selbst zu glauben. Manchmal erlauben wir uns einfach noch nicht ganz, auch wirklich gut über uns zu denken, selbst wenn wir tief in uns die Gewissheit tragen, dass es gut ist, wie wir sind. Manchmal dauert es eine gefühlte Ewigkeit, bis wir diesem gewaltigen Gefühl trauen.

Und wenn wir genau dort angekommen sind, bei uns und in uns ruhend, werden wir davon ausgehen, dass ihr, genau wie wir selbst, wisst, was ihr an uns habt. Und dann werden wir euch keine nervigen Szenen mehr machen.

Manche von uns haben auch einen Weg gefunden, die Eifersucht ganz abzustellen oder mit dem Partner zusammen anderen hinterherzuschauen und zu flirten. Manche brauchen dafür etwas länger, andere ewig, andere kommen nie dahin. Und das sollte auch okay sein. Es ist okay, Eifersucht zu verspüren. Es ist nichts, wofür man sich schämen oder wodurch man sich als Frau minderwertig fühlen sollte.

Natürlich gibt es unter Männern Exemplare, die es bewusst darauf anlegen, ihre Frau eifersüchtig zu machen, und Benzin ins Feuer schütten. Für sie ist Eifersucht ein Liebesweis. Und dann wiederum gibt es Frauen, die völlig verständlicherweise eifersüchtig sind, weil sie mit einer Sonderedition, dem notorischen Fremdgänger und Lügner, zusammen sind. (Leichter wäre es im Übrigen, sich von so einem Menschen zu trennen. Gesund ist so eine Beziehung nicht.) Und natürlich gibt es auch die krankhaft eifersüchtigen Menschen, die professionelle Hilfe benötigen.

Sollte eure Partnerin zu der eifersüchtigen Sorte gehören, gibt es ein paar Kleinigkeiten, die ihr euch eventuell aneignen könnt, um einer Diskussion aus dem Weg zu gehen.

Tipps, wie ihr euch in Gegenwart eurer heißen Frau verhaltet, wenn euch eine andere heiße Frau begegnet

1. Nicht hingucken wie ein sediertes, weltfremdes, halb verhungertes Wesen, das nicht bis zwei zählen kann.
2. Mund zu!
3. Nicht ein zweites Mal hingucken.
4. Nicht umdrehen, um ein zweites oder drittes Mal hinzugucken.
5. Nicht flirty anlächeln.

Am besten, ihr lasst es einfach und schaut gar nicht erst hin, wenn ihr Händchen haltend mit eurer Frau unterwegs seid. (Es sei denn, das ist so euer Ding und turnt euch an.)

Übrigens wird die Frau, die ihr anschaut, sich nicht denken: *Was für ein geiler Typ! Der hält mit seiner Freundin Händchen und lächelt mich an. Den muss ich haben!* Im Gegenteil: Das wirft kein gutes Licht auf euch … und ist natürlich auch einfach respektlos. Ausnahme: Ihr kennt die Dame und grüßt sie deshalb. Aber das merken wir ja. Ich rede hier wirklich von der Blickkontakt-Situation, in der es zwischen zwei Menschen knistert, weil sie sich anziehend finden.

Schaut auch nicht durch das Fenster ins Nachbarhaus,

wo noch das Licht brennt und ihr zu sehen meint, dass sich die Nachbarin gerade umzieht, während eure Perle hinter euch nackt im Bett liegt und bemerkt, wohin ihr gerade gafft. Hebt euch solche Aktionen für Momente auf, wenn ihr mit euren Männern unterwegs seid. Das sollte doch auch viel mehr Spaß machen.

Wir Frauen merken es nämlich immer.

Wir verstehen diesen Reflex, so ist es nicht. Und vertraut mir: Wir schauen heißen Männern ebenfalls hinterher. Manchmal finden wir auch eure Freunde sehr attraktiv, manchmal sogar attraktiver als euch, nur schauen wir nicht so auffällig wie ihr – oder nicht in eurer Gegenwart.

PS: Viele Frauen schauen den Männern sogar zwischen die Beine, bloß eben nicht so auffällig.

• Auch Frauen brauchen ihre Freiheit

Das mag euch jetzt vielleicht verblüffen, aber Frauen brauchen und lieben ihre Freiheit genauso sehr wie Männer.

Wir ertragen es auch nicht unbedingt, euch immer um uns zu haben. Wir freuen uns nicht minder, wenn ihr mal für ein Wochenende verreist oder wir euch nicht jeden Tag sehen müssen. Wir wollen euch genauso einfach nur texten und darüber informieren, dass wir nach der Arbeit eben Tennis spielen gehen oder noch mit den Mädels in einer Bar versacken und dass ihr nicht auf uns warten müsst und schon mal die Kinder ins Bett bringen könnt. Auch wir haben manchmal einfach keine Lust, uns die Haare zu waschen oder uns Gedanken um rasierte Beine zu machen. Auch wir wissen genau, wie viel Spaß es machen würde, wenn wir einfach unser Geschäft verrichten oder pupsen könnten, ohne auch nur einen sinnlosen Gedanken daran zu verschwenden, was der andere über unsere Körpergeräusche denken könnte. Alleine pupst es sich doch am schönsten.

Manchmal wollen wir nicht dabei beobachtet werden, wie wir die perversesten Sachen essen, obwohl wir keinen Hunger haben. Oder wir haben Bock, das Badezimmer stundenlang zu blockieren, um in der Wanne zu liegen und dabei zu lesen, bis das Wasser kalt wird, und dabei die Mitesser-Klebeteile auf die Nase pappen. Danach einen richtig coolen Film schauen und dabei naschen, ohne den anderen fragen zu müssen, ob er auch was will? Herrlich!

Klar kann man das alles auch zu zweit, wenn man sich wohlfühlt und sich liebt. Aber ihr versteht schon, was ich meine, wenn ich sage, dass diese Dinge alleine auch einfach manchmal geiler sind. Im Grunde ist es absurd, dass sich das Konzept der getrennten Wohnungen – oder zumindest der getrennten Schlafzimmer – nicht durchgesetzt hat. Dennoch ist das Zusammenwohnen für viele Frauen, auch für mich, ein absolut indiskutables Kriterium bei der Partnerwahl, und für viele sind getrennte Wohnungen auch aus Kostengründen einfach undenkbar.

Das sollte jeder handhaben, wie es ihm am liebsten ist. Doch lehnt der Mann eine gemeinsame Wohnung ab, fühlt sich das für viele Frauen mit Kinder- und Zusammenlebwunsch kränkend an. Beinah, als könnte der Mann keine Freude mehr empfinden, sollte er ab jetzt seine Frau ständig um sich haben müssen, wie eine lebenslange Haftstrafe, die ihm dadurch auferlegt wird.

Aber auch wenn Frauen der gemeinsamen Wohnung positive Aspekte abgewinnen können, haben auch sie ab dem Zeitpunkt des Zusammenziehens andere Themen und Probleme, beispielsweise muss die Hausarbeit aufgeteilt werden. Außerdem stellen sich zahlreiche neue Fragen, zum Beispiel, ob man zu unterschiedlichen Zeiten getrennt voneinander ins Bett gehen kann.

Oft betonen Männer ihre Freiheitsliebe, als hätten sie panische Angst davor, auch nur ein Stück davon aufgeben zu müssen. Dabei wollen wir euch doch gar nichts Böses. Es ist mir noch nie eine geistig gesunde Frau begegnet, die Freude daran gehabt hätte, ihren Mann einzusperren oder ihm seinen Spaß nicht zu gönnen. Es sind mir nur immer wieder viele Frauen, besonders Mütter, begegnet, die sich unfair behandelt fühlen.

In China erzählt man sich eine Geschichte, in der ein Kaiser sich in den betörenden Gesang einer Nachtigall verliebte, die im Garten sang. Der Kaiser ließ die Nachtigall in einen Käfig sperren, um ihr immer lauschen zu können. Mit Entsetzen stellte er fest, dass der Gesang der Nachtigall nicht mehr so wundervoll klang wie in Freiheit.

Wir wollen euch singen hören, in Freiheit. Wir sind keine böswilligen Drachen, wollen euch nichts verbieten und auch kein Theater machen, wenn ihr ausgeht. Glaubt mir, wir hassen uns selbst, wenn wir dann mal was sagen müssen.

Es ist nie so, dass Frauen und Mütter ihrem Partner seine Freiheit nicht gönnen. Dafür ist es leider oft so, dass Männer ihnen schon fast demonstrativ beweisen wollen, dass sie sich ihre Freiheit durch keine Frau dieser Welt nehmen lassen. Dabei vergessen sie aber, dass sie damit automatisch die Frau ein Stück ihrer Freiheit berauben – und das, obwohl doch in der Regel beide die Entscheidung getroffen haben, eine Familie zu gründen.

Denn wenn ihr euch vornehmt, abends noch einen mit euren Kumpels heben zu gehen, bleibt der Frau nichts anderes übrig, als zu Hause zu bleiben und die Kinder ins Bett zu bringen. Wir würden uns wünschen, dass ihr das vorher mit uns klärt und uns wenigstens fragt, ob wir vielleicht auch schon Pläne für den Abend geschmiedet haben. (Ja, das soll bei uns Frauen auch vorkommen. Wir sitzen nicht auf der Couch und warten sehnsüchtig, bis ihr zur Tür hereinkommt. Wir haben ebenfalls Hobbys und Freunde.) Das nennt man Wertschätzung und Kommunikation.

Die ist im Übrigen in zwischenmenschlichen Beziehungen besonders wichtig. Ihr müsst mehr mit uns reden, auch wenn ihr es als anstrengend empfindet.

Aber wer hat je behauptet, dass es einfach werden würde?

• Erste Dates und die Frage, ob die Rechnung aufgeht

Ihr könnt euch nicht vorstellen, was eine Frau vor dem ersten Date mit einem Mann alles durchmachen muss. Rein emotional, meine ich. Neben den oberflächlichen Aspekten wie dem perfekten Outfit (nicht zu leger, nicht zu sexy, nicht zu gewollt usw.), den Haaren und dem Make-up haben wir unser Leben mit euch an unserer Seite gedanklich schon einmal komplett durchgespielt. Wenn wir mit euch schreiben und ihr uns gefallt, sind wir Frauen richtig gut darin, uns alles perfekt auszumalen. Wir sprechen euch Charaktereigenschaften zu, die ihr vielleicht gar nicht habt. Wir stellen uns vor, wie euer Nachname in Kombination mit unserem Vornamen klingt, planen, was wir eurer Mutter als Geschenk mitbringen, wenn wir auf sie treffen, malen uns aus, wie unsere gemeinsamen Kinder aussehen würden oder wie liebevoll und verständnisvoll ihr uns Eis bringt, wenn wir unsere Menstruation haben. Wir träumen davon, wie wir gemeinsam kuscheln und unseren ersten gemeinsamen Urlaub unter der Sonne Griechenlands genießen.

Und dann treffen wir auf euch und sind sauer, weil wir enttäuscht sind, dass ihr nicht dem Bild entsprecht, das wir uns zusammenfantasiert haben. Wir sind ein bisschen in einen perfekten Typen verknallt, der zwar aussieht wie ihr, aber nur in unseren Träumen existiert. Kein Wunder, dass euch das überfordert!

Doch dieses Phänomen gibt es wirklich, was tragisch und lustig zugleich ist. Hier kann ein (Facetime-)Anruf vorab Abhilfe schaffen.

Die Liste an Dingen, die ihr beim ersten Date vergeigen könnt, ist unendlich lang, und manche Katastrophen sind situationsbedingt, denn oft »muss man dabei gewesen sein«, um zu verstehen, wie schlimm es wirklich war. Dennoch gibt es ein prekäres Thema, das ich gerne ansprechen würde.

Ich hatte im Frühjahr 2014 ein erstes Date mit einem Mann. Obwohl er eigentlich gar nicht so mein Typ und auch wirklich kein bisschen attraktiv war, dachte ich, ich gebe ihm eine Chance.

Wir hatten uns zu einer gemeinsamen Mittagspause verabredet. Ich wollte Kaffee trinken, er was essen. Schließlich gingen wir zu einem Thai-Restaurant in der Nähe der Frankfurter Börse, aßen und plauderten fröhlich. Er war nett, und ich glaube, das war ich auch. Unsere Gespräche waren lustig und auch tiefgründig, und dann war die Zeit auch schon um, die Rechnung kam.

Ich führte meine prophylaktische Bewegung in Richtung Tasche aus, um meine Fähigkeit, selbst für mich zu sorgen, demonstrativ zur Schau zu stellen und mein Portemonnaie zu holen, doch nein: Mein Gegenüber stoppte mich heldenhaft.

Okay, okay, ich nahm meine Hand wieder zurück. Doch gerade als die Kellnerin sich wieder von uns abwendete und noch während er sein Portemonnaie wieder in die Hosentasche schob, nickte er aufmüpfig und zwinkerte mir zu.

»Das kannst du mir gleich geben.«

Wie gütig! Gleich darf ich ihm das Geld also geben, aber nicht vor der Kellnerin.

Jetzt saß ich da – mit geöffnetem Mund, einen Fünfzigeuroschein in der Tasche, mit dem ich die gesamte Rechnung hätte zahlen können – und konnte es nicht fassen, dass ich gerade Opfer eines miesen selbstdarstellerischen Tricks geworden war. Schnell fasste ich mich wieder, blinzelte öfter als nötig (häufiges Blinzeln ist bei Frauen übrigens immer ein Zeichen dafür, dass unter der Oberfläche etwas brodelt) und sagte: »Ich habe aber nur einen Fünfzigeuroschein. Kannst du wechseln?«

Er konnte nicht. (Mein Mittagsmenü hatte, inklusive Getränk, übrigens zehn Euro gekostet und an dieser Stelle möchte ich auch noch mal betonen, dass ER es gewesen war, der etwas essen gehen wollte.)

Ganz in der Nähe befand sich ein Starbucks. Also stellte ich mich gefühlt tausend Stunden lang in die Schlange (okay, es waren fünfzehn Minuten), um meinen Schein zu wechseln, während der Typ draußen wartete. Dann gab ich ihm seine zehn Euro zurück.

Er meldete sich allen Ernstes am nächsten Tag wieder und fragte nach einem zweiten Date, weil er das erste so schön gefunden hatte.

Ich finde, die Frage, wer die Rechnung bezahlt, ist eines der größten Fettnäpfchen, in das man beim ersten Date treten kann.

Es gibt Frauen, die wollen überhaupt nicht, dass der Mann die Rechnung übernimmt. Es gibt Frauen, die wollen vorher gefragt werden, ob es okay ist, dass der Mann die Rechnung übernimmt. Es gibt Frauen, die bestehen darauf, dass der Mann beim ersten Date zahlt, und es gibt Frauen, die den Mann einladen möchten.

Manche Männer zahlen immer, weil es ihr Stolz nicht anders zulässt, andere, weil sie unbedingt ein Gentleman sein wollen, wieder andere nur dann, wenn sie das Gefühl haben, dass es sich bei der Frau auch wirklich lohnt oder danach etwas laufen könnte. Noch mal andere wollen von der Frau das Gefühl bekommen, dass sie nicht erwarten, dass der Mann die Rechnung übernimmt, übernehmen sie dann aber doch. Und dann gibt es noch diejenigen, die aus Prinzip getrennt zahlen, und diejenigen, die eine Frau, die sich einladen lässt, als »Abzockerin« oder »Golddigger« betrachten. In der Regel schießen sie die Frau anschließend ab und überlassen ihr die gesamte Rechnung.

»Wer übernimmt die Rechnung beim ersten Date?« ist eine der brisantesten Fragen in Zeiten von Emanzipation und Feminismus. Ich habe schon sehr, sehr viele Männer darüber lamentieren hören, dass sie es nicht mehr einsehen, die Frau beim ersten Date einzuladen, weil sie ihr vorwerfen, sich bereichern zu wollen.

Seid euch sicher, dass es uns nicht darum geht, ein kostenloses Abendessen abzustauben. Jede von uns ist in der Lage, sich ihre Pasta für zehn Euro und ihren Aperol für sieben selbst zu bezahlen. Natürlich geht es euch aber gegen den Strich, wenn ihr datet, um zu fi***, wenn ihr fünfmal zahlt und dann vielleicht nur bei einer ran dürft. Natürlich ärgert ihr euch darüber, umsonst bezahlt zu haben, wenn für euch der Preis fürs Beine-Breitmachen einmal Pizza und Rotwein ist.

Denkt mal bitte kurz an eure Ex, die ihr so unbedingt wolltet, oder an eine Frau, die ihr jetzt unbedingt wollt – Rihanna zum Beispiel. Es würde euch im Traum nicht einfallen, sie beim ersten Date zahlen zu lassen. Warum? Weil ihr sie beeindrucken wollt. Weil ihr zeigen wollt, dass ihr es ernst meint und bereit seid, in die Beziehung zu investieren.

Wir Frauen wissen das.

Jetzt ruft ihr laut – ich kann euch hören –: »Ach ja? Warum zeigt denn die Frau nicht, dass sie bereit ist zu investieren, und es ihr ernst ist?«

Die meisten, denen es wichtig ist, dass der Mann beim ersten Date zahlt, zeigen ihr Interesse, indem sie beim ersten Date nicht mit euch schlafen. Sie bedanken sich höflich, beteuern, wie schön sie das Treffen mit euch fanden, strahlen und schmachten euch an, berühren hier und da mal euren Arm. Und die, die euch einfach nur hot finden, aber für die es mit euch für mehr nicht reicht, werden direkt mit euch in die Kiste springen. (Übrigens auch ohne dass ihr das Essen zahlt.)

Männer machen daraus eine Transaktion, wenn sie Frauen etwas ausgeben. Denn Frauen kriegen keine Drinks umsonst, nur weil sie Frauen sind, sondern weil Männer mit ihnen ins Bett oder sich mit ihnen schmücken wollen.

Meiner Meinung nach sollte eine allgemeine Regelung eingeführt werden, eine Art Erstes-Date-Zahl-Knigge. Mein Vorschlag: Wenn der Mann die Frau wiedersehen möchte, kündigt er an, dass er die Frau gerne einladen würde. Die Frau weiß, dass der Mann interessiert an ihr ist, kann selbst entscheiden, ob sie die Einladung annehmen will oder nicht. Wenn sie die Einladung annimmt, kann sie ja beim zweiten Date bezahlen. Wenn die Frau den Mann aber nicht wiedersehen möchte, besteht sie freundlich darauf, ihren eigenen Kram selbst zu bezahlen, und die Rechnung wird geteilt.

Problem gelöst. Fertig. Keine Peinlichkeiten mehr, kein Fremdschämen, keine Konflikte mehr.

Ich hatte zum Beispiel ein ganz nettes Treffen mit einem jungen Mann, mit dem ich Kakao auf dem Weihnachtsmarkt trank. Danach sind wir noch Burger essen gegangen.

Wir einigten uns darauf, dass er mich an den Freund meiner Schwester erinnert und ich ihn an seine Schwester, wir zahlten jeder unseren eigenen Teil, und es war trotzdem ein netter Nachmittag.

Grundsätzlich würde ich als First-Date-Richtlinie trotzdem empfehlen: Je kürzer das erste Date angesetzt wird, desto besser. Essen gehen ist für mich bei ersten Dates nur in Ausnahmefällen sinnvoll. Zu oft habe ich einen Abend krampfhaft durchziehen müssen, weil wir ja Essen bestellt hatten. Man muss darauf warten, es essen und danach bezahlen – erst dann kann man gehen. Bei einem kurzen Spaziergang oder einem Kaffee hat man in der Regel genug Zeit, sich abzuchecken, und wenn es gut läuft, wird es ein zweites Treffen geben.

Weil ich euch gerade wie ein verdammter Klugscheißer erkläre, dass ihr eure ersten Dates am besten so kurz wie möglich halten solltet, hier ein kleiner Auszug aus einem Katastrophen-Date von mir – als Beispiel, wie man es am besten nicht machen sollte:

Ich fand einen bekannten Coach und Autor, den ich im Sommer am Opernplatzfest in Frankfurt kennengelernt hatte, sehr cool. Er war frech und irgendwie aufmüpfig, hatte sehr schlaue, eher kalte, aber auch tiefgründige Augen. Er war nicht zu dünn, hatte einen netten Bart und einen super Style. Vor allem aber forderte er mich irgendwie heraus, und das fand ich sexy. Er erzählte mir, dass er eine starke Verbundenheit zu meinem Heimatland Polen habe, und später am Abend tanzten wir in einer Bar in der Nähe der Alten Oper. Wir küssten uns, wenn auch nur sehr kurz und eher wild als gut – es war dunkel und spät, und wir waren beide leicht alkoholisiert.

Nachdem wir Nummern ausgetauscht hatten, wollte er

noch mit zu mir, »mir nahe sein«, doch ich wollte nicht und büxte aus. Als ich schließlich im Bett lag, kam noch eine Nachricht von ihm, er habe mich gesucht und es sei schön gewesen mit mir. Am nächsten Morgen schrieb er wieder: »*Ich will mehr.*«

Es war ein toller Abend, aber irgendwie schrieben wir danach nur noch selten, verloren uns aus den Augen. Also habe ich dann nach einigen Monaten sporadischen Kontakts die Sache in die Hand genommen und einen Zug nach München gebucht. Hin, dort was trinken gehen, dann wieder nach Hause. Ich sagte: »Lass uns so tun, als würde ich in München leben.« (Wow, ich wollte ihn wirklich kennenlernen, wird mir gerade bewusst.)

Da kam ich also am Münchner Hauptbahnhof an, und was soll ich sagen? An unserem gemeinsamen Sommerabend war er so lässig und anziehend gewesen, doch bei unserem Wiedersehen war er … nun ja, nüchtern. Unsere Konversation lief schleppend, und er ließ mich ständig auflaufen. Das Herausfordernde, das ich zuvor als so anziehend empfunden hatte, wirkte plötzlich überheblich und gehässig; er machte sich lustig über meine Ansichten, über meine Zukunfts- und Karrierepläne und darüber, dass ich ihn nach seinem Sternzeichen fragte.

Sogar über meine Eltern amüsierte er sich! Er fragte mich danach, was die beiden beruflich machten, aber nicht aus Interesse, sondern um mir dann mitzuteilen, wie erfolgreich seine waren. Außerdem sah ich, wie er in sich zusammenfiel und gleichzeitig zu wachsen begann, als ich ihm mitteilte, dass meine Mutter Kosmetikerin sei.

Ich erzählte ihm von meinen Zukunftsplänen, und er fragte mich, worüber ich denn schreibe. Als ich ihm von meinen Ideen erzählte, sah ich an dem hellen Glitzern in seinen Augen seine Belustigung.

Doch damit nicht genug! Irgendwann rieb er den Stoff meiner Hose zwischen seinen Fingern und fragte, ob sie aus Polyester sei, und lachte danach hämisch. (Was hätte er wohl dazu gesagt, wenn er erfahren hätte, dass meine Ohrringe nicht aus echtem Gold waren?)

Wir langweilten uns beide zu Tode, und es war unangenehm ohne Ende! Die Chemie stimmte einfach nicht. Also begleitete er mich wieder zurück zum Hauptbahnhof, nachdem er mir angeboten hatte, bei ihm zu übernachten – aber Sex wäre nicht drin. O-Ton: »Also, sei mir bitte nicht böse, wenn ich dich heute Abend nicht ficke, manche Frauen nehmen einem das ja übel. Aber ich bin einfach zu müde.«

Ich wollte weder bei ihm übernachten, noch traute ich ihm nach diesem Abend in irgendeiner Weise zu, mich zu befriedigen. Und wenn es mir nur um Sex gegangen wäre, wäre ich sicher nicht vierhundert Kilometer gefahren. Er hatte nichts verstanden.

Im ICE hatte ich dann vier Stunden Zeit, um zu kapieren, was ich da getan hatte. Ich legte mich mit dem Schaffner an (ich hatte irgendwie ein falsches Ticket gebucht) und versuchte zu schlafen, um dann um drei Uhr morgens in der Kälte durch den verlassenen Frankfurter Hauptbahnhof bis zu meinem Auto zu schleichen. Ich weiß noch heute, wie ich dabei fluchte und mir schwor, dass ich niemals wieder eine so lange Reise für irgendein erstes Treffen mit einem Mann zurücklegen würde, der davor kein beständiges Interesse an mir gezeigt hatte.

Kurz darauf erfuhr ich, dass er, bevor ich zu ihm nach München gefahren war, immer mal wieder bei seiner Familie in Hessen gewesen war. Es wäre für ihn also ein Leichtes gewesen, sich mal kurz zu melden, wenn er mich denn hätte sehen wollen.

Rückblickend hätte ich es besser wissen müssen. Schon

als der Kontakt nach der ersten Begegnung einschlief, war offensichtlich, dass er nur den einen Sommerabend mit mir verbringen wollte. Mann, war ich froh, dass es damals nicht zu mehr gekommen war! Wie frustrierend wäre es gewesen, am nächsten Morgen entdecken zu müssen, was für ein Typ da eigentlich neben mir lag.

So viel zum Thema erste Dates kurz halten: Im Wahnsinn der in Aussicht gestellten Liebe verlor ich offensichtlich jede Vernunft.

Aber wann ist Liebe schon vernünftig?

• Warum Frauen es euch sagen, wenn sie an Sternzeichen glauben

Den meisten Männern sollen Sternzeichen ja scheißegal sein, habe ich mir immer wieder sagen lassen. Besonders dann, wenn ich das Verhalten eines Mannes mit Sätzen wie »Das ist so typisch für dich als Krebs« erklärt habe. Einige Männer sehen es sogar als »Rote Flagge«, wenn die Frau sich für Astrologie begeistert und vor dem ersten Date die Frage nach der Geburtszeit und dem Geburtsort stellt, um seinen Aszendenten und sein Mondzeichen berechnen zu lassen.

Was in den Sternen steht, ist für viele Frauen – und auch für manche Männer – ein mysteriöses Zeichen von außen, dem etwas Schicksalhaftes und Zauberhaftes, aber auch Tröstendes anhaftet. Plötzlich hat sie so etwas wie eine Anleitung, einen Wegweiser; es beruhigt sie, es macht den Menschen zu etwas Beständigem, dessen Verhalten man einordnen und vorhersagen kann …

Und warum auch nicht? Auch wenn es unecht sein sollte, vermittelt uns die Astrologie ein willkommenes Gefühl von Beständigkeit und Stabilität. Viele Menschen sind für Übersinnliches empfänglich, sei es Spiritualität, Astrologie oder Religion. Und da sind wir auch schon beim Punkt, weshalb so viele Frauen so gerne darüber reden: Hier geht es gar nicht so sehr darum, anhand der Sterne herauszufinden, ob man perfekt zusammenpasst oder nicht (es ist sowieso immer nur ein Thema oder ein weiterer Grund für das Scheitern einer Beziehung á la »Ich hätte es wissen müssen, Löwen sind egoistisch, das passt nicht«), sondern darum, wie die Männer reagieren, wenn wir ihnen eröffnen, woran wir glauben. Reagiert ihr empört, oder lacht ihr uns aus? Versucht ihr, uns umzustimmen oder uns zu belehren? Verurteilt ihr uns vielleicht sogar? Oder zeigt ihr euch offen, interessiert und fragt nach?

Das ist eine ganz einfache Methode, um herauszufinden, ob ihr zu uns passt und wie ihr drauf seid. Wie ihr darauf reagiert, wenn wir euch nach eurem Sternzeichen fragen, sagt viel mehr über euch aus als euer Sternzeichen selbst.

Abgesehen davon: Warum sollten die Planeten und das Universum keine Auswirkungen auf uns Menschen haben? Wenn der Mond in der Lage ist, das Meer anzuziehen, warum sollte es uns dann nicht beeinflussen, ob zum Zeitpunkt unserer Geburt, wenn unser Bewusstsein gerade erwacht und die Welt wahrnimmt, besonders viel Licht oder Dunkelheit vorherrscht? Ich sag ja nur ...

• Klarmach-Tipps beim Online-Dating

Mit dem Online-Dating ist es wie mit dem Sich-sein-Geschlechtsteil-im-Spiegel-Angucken: Jeder hat es zumindest aus Neugier einmal gemacht.

Wenn ihr die grundlegenden Fragen wie »Was will ich hier?«, »Wer bin ich?« und »Wie weit stelle ich den Kilometer-Radius ein?« beantwortet habt, kann es losgehen:

1. Gebt euer wahres Alter und weitere Eckdaten an. Schummelt euch nicht jünger, schlanker, schöner oder erfolgreicher, als ihr seid. Spätestens beim ersten Treffen wird frau euch ansehen, wie viele Filter ihr über euer Profil habt laufen lassen – und ob ein professioneller Fotograf euch in schmeichelhaftem Licht perfekt eingefangen hat oder ob das Foto zehn Jahre alt ist. Auch die Ausrede »Wenn ich mein wahres Alter angebe, dann werde ich ja einer bestimmten Gruppe nicht mehr angezeigt« gilt nicht. Denn das ist schließlich der Sinn der Sache: Die Frau möchte, dass ihr nur Männer in dem von ihr angegebenen Alter angezeigt werden. Das ist also eine Grenze, die es von euch zu respektieren gilt.

2. Wählt Fotos von euch aus, die zwar eure Wandlungsfähigkeit zum Ausdruck bringen, auf denen ihr aber nicht wie verschiedene Menschen ausseht. Das irritiert nur. Ideal sind Bilder, die als Eisbrecher

beim Anschreiben benutzt werden können. Wählt mindestens zwei Fotos aus, auf denen nur ihr zu sehen seid. Packt Fotos mit ausgestreckter Zunge, eurem Auto, eurem Boot, eurer Uhr oder einer rausgeschnittenen Frau besser weg. Auch Nacktfotos gehen gar nicht, auch wenn ihr noch so durchtrainiert seid – das schreit nach »Fuckboy«. Verhindert Selfies oder Spiegel-Fotos – das ist wirklich das Einsamste, was es auf dieser Welt gibt. Und was zum Henker ist das mit den Sonnenbrillen-Fotos? Lasst das. Frauen müssen eure Augen sehen, das ist wichtig, und euer Lächeln. Koch-Fotos sind die neuen »Von-der-Klippe-ins-Meer-spring-Fotos«.

3. Positiv bleiben: Was macht ihr gerne? Habt ihr Hobbys? Habt ihr Humor? »Was Lustiges« geht immer. Bleibt ein bisschen geheimnisvoll, das ist ein Dating-Profil und kein Lebenslauf. Wenn ihr euch einen Sexpartner wünscht, aber auch eine Beziehung nicht ausschließt, formuliert euer Anliegen so allgemein wie möglich. Irgendwas mit Sinnen ist immer gut. Oder so was wie »Vielleicht wirst du auch zu meiner Schwäche« – da kann man euch ja erst mal keinen Vorwurf draus machen. Trotzdem ist spätestens dann Ehrlichkeit gefragt, wenn ihr euch gegenseitig schreibt. Verhindert zu viele »Disqualifier«, das wirkt zu High-Maintenance und anklagend. Also statt: »Wenn du psycho bist, Katzen hast und noch an deinem Ex hängst, kannst du gleich nach links wischen«, lieber: »Ich freue mich über eine emotional verfügbare Frau, die loyal und offen für etwas Langfristiges ist. Wenn du einen Hund hast, ist das auf jeden Fall ein Pluspunkt.«

Noch ein Tipp: Emojis nerven. Das ist kein Kinderbuch, in denen ein Wort durch ein Bildchen ersetzt wird. Wörter sind cool. Und bitte keine Hashtags, die euren Charakter beschreiben. Danke.

4. Entweder ihr führt ein reines Sex-Profil und beschreibt, auf was ihr steht und nach was ihr sucht, oder ihr unterlasst es ganz, den sexuellen Aspekt zu erwähnen. Ein Beispiel, wie man es nicht machen sollte: »Ich möchte endlich DIE Frau finden, mag lange Spaziergänge und Kochen, geiler Sex ist mir wichtig.« Mehr Fingerspitzengefühl bitte. Das kann man auch anders formulieren.

5. Lest das Profil der Frau durch, und geht bei der ersten Nachricht, die ihr an sie verfasst, individuell auf etwas davon ein. Hat sie vielleicht einen süßen Hund? Wenn sie taucht, fragt ihr sie am besten nach dem Tauchschein. Schreibt nicht darüber, wie knackig ihr Körper im Neopren-Anzug aussieht. Unsere Bikini-Fotos sind ohnehin nur ein kleiner Test. Wenn ihr auf dieses Bild mit einem Kompliment reagiert, wissen wir, dass ihr ein »Fuckboy« seid, der seinen nackten Oberkörper einfach nur nicht postet, weil er nicht gut genug aussieht.

6. Unterlasst diese Romane mit sinnlosem Bla-Bla, wie sehr ihr euch darüber freut, uns hier gematched zu haben. Wir wissen, dass ihr den Text kopiert und eingefügt habt, wie bei jeder, die ihr matched und anschreibt.

Ach ja: Und bevor ihr »Hi« oder »Hi, wie geht's?«, »Na du?!« oder »Huhu« schreibt, könnt ihr euch auch gleich euer Datenvolumen sparen. Achtet übrigens auch auf Rechtschreibfehler!
Grundsätzlich gilt: Wer anschreibt, hebt sich von der Masse ab. Das kommt gut.

7. Wenn ihr nicht nur auf Sex-Dates aus seid, unterlasst es so lange wie möglich, auf Sexting umzuschwingen und sie zu fragen, was sie trägt, oder zu sagen, wie gerne ihr neben ihr liegen würdet. Das ist »creepy« und zu früh. Einer Frau, die nicht nur auf Sex aus ist, demonstriert ihr damit, dass ihr nicht viel von ihr haltet und dass es euch egal ist, wenn ihr sie in eine unangenehme Lage bringt.

8. Kommt ihr aus den USA oder aus England, Irland oder Australien, aus dem Ausland allgemein? Nein? Warum schreibt ihr dann euren Profiltext und eure Nachrichten nur auf Englisch?

9. Wischt nicht die ganze Zeit nach rechts. Wenn ihr das macht, reduziert ihr auf einer energetischen Ebene euren eigenen Wert. Damit zeigt ihr, dass ihr bereit seid, anspruchslos zu nehmen, was auch immer euch angeboten wird.

10. Was soll die Heimlichtuerei? Seid ihr ein FBI-Agent oder auf geheimer Mission? Wenn ihr euren Namen nicht sagen wollt oder bei Fragen, die euch gestellt werden, rumdruckst, weil ihr keine Angaben zu eurem Wohnort oder Beruf machen wollt (am besten wegen Datenschutz-Bedenken), kein richtiges Foto

von euch reinstellt und auch keines schicken wollt, macht das nur unsympathisch und die Konversation sehr anstrengend. Oder ihr sucht nach einer Affäre und habt Angst, gesehen zu werden? Überlegt euch vielleicht vorher, ob ein Dating-Portal im Internet wirklich der richtige Weg ist, um zu finden, was ihr sucht.

11. Versucht die Frau so schnell wie möglich von der App wegzuholen. Matched, schreibt ein bisschen, fragt sie nach ihrer Nummer, um dort weiterzuschreiben oder kurz zu telefonieren, und fragt dann nach einem Date. Wenn sie sich weigert, euch ihre Nummer zu geben, hört auf, ihr zu schreiben. Wenn sie auf eure Nachfrage nicht mehr reagiert, auch.

Ich garantiere euch: Wenn ihr meine Tipps beherzigt, werden euch sowieso neunzig Prozent der Frauen nie antworten oder nur sporadisch zurückschreiben, weil die meisten nur dort sind, um ihr Selbstbewusstsein zu boosten und ihren Marktwert zu testen. Außerdem ist der Männeranteil oft höher als der Frauenanteil. Zum Beispiel sind bei der App Lovoo circa sechzig Prozent Männer und vierzig Prozent Frauen (Stand August 2021) angemeldet.

Gern geschehen.

• Dating-Apps sind ein Spiel mit den Gefühlen

Die Suche nach der großen Liebe ist nicht der Hauptgrund, warum so viele Menschen eine Dating-App benutzen. Beobachtet euch selbst einmal: Es ist ein Spiel.

Besonders am Anfang ist man darauf aus, so schnell wie möglich erfolgreich zu sein. Man arbeitet sich fast schon durch: Über Stunden und Tage, ein Match jagt das nächste, in ständiger Alarmbereitschaft, neugierig, wie ein Junkie auf der Suche nach dem nächsten Kick.

Welche Matches sind dazugekommen? Wer hat geschrieben? Wer ist neu dabei?

Man kann die Finger nicht mehr vom Handy lassen, schon ist man süchtig: Nach dem Dopamin, das wir ausschütten, wenn wir so eine App benutzen. Wenn unser Gehirn Schönes erkennt, fasst es diese Schönheit nämlich als Belohnung auf, Dopamin wird ausgeschüttet. Und genau darauf sind diese Portale von den Betreibern ausgelegt: Wir sollen so viel Zeit wie möglich mit der App verbringen.

Je länger man swipt, desto mehr Daten sammeln sie von den Benutzern und führen sie sanft, aber sicher in Richtung Bezahl-Version, die noch mehr Möglichkeiten bietet, um noch mehr und noch besser zu swipen und noch mehr und noch bessere Singles angezeigt zu bekommen. Jeder Swipe ist ein neuer Kick. Und das wiederum bedeutet mehr Gewinn für die Betreiber.

Wer uns bei diesen Apps angezeigt wird und in welcher Reihenfolge, richtet sich nach dem Prinzip der willkürlichen Belohnung.

Burrhus Frederic Skinner, ein US-Psychologe, hat das Verhalten von Mäusen untersucht und sie in eine Box gesteckt, wo sie auf einen Knopf drücken mussten, um etwas zu fressen zu bekommen. Bei diesem Versuch hat er herausgefunden, dass eine Maus öfter auf den Knopf drückt, wenn sie dafür nicht jedes Mal Futter bekommt.

Diese Apps funktionieren nach dem gleichen Prinzip: Die ästhetische Belohnung, die zufällig ausgelöst wird, dient als Verstärkung und treibt einen dazu, weiter und weiter zu swipen. Ähnliche Verhaltensweisen zeigen wir zum Beispiel auch bei Glückspielen, wenn wir weiterspielen, egal ob wir gewonnen oder verloren haben.[4]

Im Hintergrund bewertet die App zusätzlich unseren Marktwert. Je mehr Männer eine Frau matchen wollen, desto höher steigt ihre Bewertung. Die App rankt sozusagen unsere Beliebtheit. Wer viele Likes bekommt, wird mehr Menschen angezeigt. So hat jeder Benutzer seinen eigenen Logarithmus. Es werden ihm genau die User angezeigt, die eine ähnliche Beliebtheit bei den anderen App-Nutzern genießen oder die den Gesichtern ähnlich sind, mit denen es bereits ein Match gab. Ab und zu werden Profile eingestreut, die deutlich über den Verhältnissen des Nutzers sind. Damit wird man bei Laune gehalten, bleibt weiter dran und glaubt schließlich, man hätte eine echte Chance bei denen, die weit oberhalb der eigenen Liga spielen. Und so swipt man weiter und swipt und swipt und swipt …

Außerdem werden Fake-Profile eingeschleust, mit denen Nutzer – nennen wir das Kind beim Namen – betrogen werden. Kontaktanschreiber kriegen Geld dafür, sich als *Tim, 34, eigene Zahnarztpraxis* auszugeben und Nachrichten zu schreiben, um den zahlenden User mit dieser Masche weiter an die Dating-App zu binden.[5, 6]

Letztendlich fühlt man sich nach der Nutzung einer solchen App gelangweilter, entkräfteter, müder und leerer als zuvor. Wir lassen uns von anderen dazu verleiten, mit unseren eigenen Gefühlen zu spielen. Denn aus marktwirtschaftlicher Sicht wäre es ganz schön blöd, wenn Tinder und Co. uns wirklich dabei helfen würden, unseren Traumpartner zu finden: Diese Apps verdienen ihr Geld mit Singles, vergesst das nicht!

Wenn ihr euch nicht nur in ein erotisches Abenteuer stürzen, sondern dem Schicksal ein wenig auf die Sprünge helfen wollt, dann ist es wichtig zu wissen, wie diese Apps funktionieren, um sie für sich arbeiten zu lassen. Trickst die Hersteller einfach aus, und bleibt auch mal dran, wenn euch jemand gefällt. Lasst euch nicht in den Strudel der vermeintlich unendlichen Auswahl ziehen, hört auf zu swipen um des Swipens willen, und fangt an zu lieben. Denn auch wenn es viele noch unromantisch finden, sich im Internet kennenzulernen: Ich denke, das wird in Zukunft immer öfter der Fall sein.

Instagram und Co. sind ohnehin die neuen Dating-Apps. Aber um über die sozialen Medien seine Traumfrau zu finden, gibt es auch da einiges zu beachten:

1. Ein gutes Portraitfoto als Profilbild ist das Erste, was wir von euch sehen. Wenn uns das gefällt, schauen wir auch gerne das ganze Profil an.
2. Das Profil auf »Öffentlich« stellen. Wenn wir keine Idee davon bekommen, wer ihr seid, hört es da meistens schon auf und das Interesse erlischt.
3. Auch wenn es absurd klingt: Achtet darauf, wem ihr folgt. Wenn ihr in unsere »dms« slided, ist erst mal alles, was wir von euch haben, das Profil, und damit arbeiten wir. Wenn wir sehen, dass achtzig Prozent der Menschen, denen ihr folgt, halbnackte Frauen und Mädels sind, die euch nicht einmal zurückfolgen, seid ihr raus. Denn dann wissen wir, dass ihr all diesen Frauen wohl auch schon geschrieben habt und wir nichts Besonderes sind.
4. Postet Fotos von euch. Zeigt ein bisschen Abwechslung, postet euch mit Kumpels, wie ihr unterwegs seid, eure Hobbys und Haustiere.
5. Versucht, eure Karriere und euren Lebensstil ein wenig zu präsentieren. Vielleicht liebt ihr ja Essen oder kocht sehr gerne, seid erfolgreich mit dem, was ihr macht. Integriert das. Gebt uns einen Eindruck davon, wie ihr drauf seid, wie euer Alltag aussieht und wie euer Mindset ist.

Und vergesst nicht, dass hinter (fast) jedem dieser Profile, auch bei Dating-Apps, echte Menschen stecken. Auch wenn es verlockend scheint, durch das Internet jeden Tag eine Neue daten zu können: Bleibt höflich und respektvoll, bleibt auch mal dran, antwortet, bemüht euch um ein Gespräch und um ein Date. Vielleicht kriegt ihr dann schneller Tinder-Kinder, als ihr denkt.

Grundbegriffe im modernen Online-Dating-Dschungel

»Ghosting«

Unter dem Begriff versteht man einen vollständigen Abbruch der Kommunikation mit einer Person, mit der man vorher in Kontakt stand, und zwar ohne jegliche Ankündigung. Die Person verschwindet wie ein Geist aus dem Leben des anderen, weitere Kontaktversuche laufen ins Leere. Das ist besonders unangenehm, da der »Geist« nichts als offene Fragen zurücklässt und dem anderen die Chance genommen wird, diese zu stellen. Sehr aufwühlend.

Eine geghostete Frau wird sich in der Regel monatelang quälen, in Fragen ertrinken, die Chat-Verläufe nach Hinweisen durchsuchen und sich fragen, was sie falsch gemacht hat. Am Ende wird sie sich Reden darüber zurechtlegen, wie enttäuscht sie wegen dieses Verhaltens ist, damit sie den Geist damit konfrontieren kann, sollte er sich jemals wieder bei ihr melden. Doch im besten Fall bleibt ein Geist ein Geist.

Dinge, die ihr sagen könnt, anstatt zu ghosten:

Zunächst eine kleine Einführung: »Ich hoffe, du weißt meine Offenheit und Ehrlichkeit zu schätzen …

1. … aber ich muss dir sagen, dass die Verbindung, die wir haben, nicht das ist, wonach ich gesucht habe. Der Funke ist nicht übergesprungen.
2. … aber ich habe nicht das Gefühl, dass wir zusammenpassen.
3. … aber ich habe nicht das Gefühl, dass wir eine romantische Verbindung haben.

Und dann abschließend: »Ich danke dir, dass ich dich kennenlernen konnte, und ich wünsche dir nur das Beste.«

»Benching«

Auch unter »Hinhalten« oder »Warmhalten« bekannt. Das Benching lässt sich mit der Ersatzbank beim Fußball vergleichen. Dort sitzt man und wartet darauf, dass man gleich spielen darf – was vielleicht passiert, eher aber nicht. Diese Masche beinhaltet viele verschiedene Verhaltensweisen. Typisch ist zum Beispiel das Nicht-Zusagen von Treffen, nicht oder nur sporadisch auf Nachrichten zu antworten und nicht zu sagen, was Sache ist. Allgemein werden der anderen Person falsche Hoffnungen und leere Versprechungen gemacht, der Kontakt so unverbindlich wie möglich gehalten und die gebenchte Person mit Flirten und Nettigkeiten auf Sparflamme bei Laune gehalten.

Für eine Frau ist dieses Verhalten äußerst brisant, besonders dann, wenn sie einen Mann wirklich sehr toll findet und er das zwar weiß, sie aber nicht ganz so toll, dafür aber sehr, sehr heiß findet. Meistens wissen Männer ganz genau, wann sie sich doch etwas ins Zeug legen müssen, etwa indem sie um ein gemeinsames Frühstück bitten oder der Frau ein vages Versprechen geben, um sie vom Gehen abzuhalten.

Die betroffenen Frauen bleiben, Wochen, Monate, Jahre, getragen von der Hoffnung, dass er sich irgendwann doch für sie entscheiden wird und einfach nur Zeit braucht. Es ist, als würde die Frau mit einer Tür vorm Kopf rumlaufen, die sie selbst abgeschlossen hat. Manchmal hilft es, dieser Frau offen zu sagen, was Sache ist, und sie zu befreien, auch wenn das für den Bencher bedeutet, sie aufzugeben – und damit sowohl den Sex als auch eine Person, die dem Ego so geschmeichelt hat.

»Fuckboy«

Beschreibt einen Mann, der nur an Sex interessiert ist. Die einzige Motivation, eine Frau zu treffen und Zeit mit ihr zu verbringen, besteht in der Aussicht auf den Beischlaf. Es gibt die »Fuckboys«, die ihre Partnerin belügen, betrügen und manipulieren, und es gibt die »Good Guys« unter den »Fuckboys«. Meistens zeichnen sich diese dadurch aus, dass sie nur zu später Stunde schreiben, sich nicht tiefgründig für die Frau interessieren, pikante Fotos senden und sehr schnell auf das Thema Sex zu sprechen kommen. Der klassische »Fuckboy« trifft nebenbei noch andere, bleibt nicht über Nacht, zeigt sich mit der Frau meist nicht in der Öffentlichkeit und sagt gerne mal kurzfristig ab. Oft rechtfertigt er sein Verhalten dadurch, dass sein Herz schon mehrfach gebrochen wurde.

Das Problem für viele Frauen besteht darin, dass sie sich am Ende des Tages in einem Dilemma wiederfinden, da sie sich in ihren »Fuckboy« verliebt haben. Die Grenze zwischen »Fuckboy« und »Freundschaft plus« verschwimmt, wenn frau an einen »Guten« gerät, der nette Dinge für sie tut, wie zum Beispiel Essen holen oder Komplimente machen, wenn sich beide gegenseitig auf den sozialen Medien folgen oder er fragt, wie ihr Tag war. Leider versteht die Frau oft nicht, dass er einfach nur ein Kumpel ist, der diese Dinge nun mal macht, weil er sie fi*** will.

»Freundschaft Plus«, kurz »F+«

Gepuderzuckerte Bezeichnung für einen »Fuckboy«, der nicht als »Fuckboy« bezeichnet werden will, denn eine Freundschaft plus hat nur selten wirklich etwas mit einer Freundschaft zu tun. Viel eher ist es eine nette Umschreibung beziehungsweise eine Illusion, der man sich gerne hingibt, um nicht als »böse« dazustehen oder »der Ausnutzer« zu sein und seinem Gegenüber das Gefühl zu geben, eine größere Rolle im Leben des anderen zu spielen.

Fragen, die man sich stellen sollte, wenn es auf eine »F+« hinausläuft:

1. Kann ich mit der Person etwas unternehmen und außerhalb des Bettes Spaß haben?
2. Kann man sich aufeinander verlassen?
3. Habe ich Einblick in das Leben des anderen, und interessiere ich mich wirklich dafür?
4. Mag ich diese Person und ertrage sie um mich?
5. Unternehmen wir auch mit anderen gemeinsam etwas?
6. Kann ich mit der Person über alles reden, auch über das, was mich bedrückt?
7. Bleibt die Freundschaft bestehen, auch wenn der Sex wegfällt?

Klar kann man sich an dieser Stelle fragen, warum es nur eine »Freundschaft plus« ist, wenn man alle Fragen klar mit »Ja« beantworten kann. (Welcome to Dating in 2022.) Wenn dies der Fall ist, führt man eine erfolgreiche »F+«. Diese zeichnet sich besonders durch das Fehlen an Exklusivität aus.

Auch hier besteht die Gefahr, dass sich eine Seite plötzlich verliebt und dann doch mehr will.

»Golddigger«

Wortwörtlich »Goldgräber«, bezeichnet eine Person, die, ohne einen großen Hehl daraus zu machen, nur auf das Geld eines reichen Partners aus ist.

Kleiner Tipp am Rande, wie man mit dem Thema »Golddigger« am besten umgeht, denn in letzter Zeit scheint dies eine sehr große Angst vieler Männer zu sein, wenn sich die Frau zum Beispiel beim ersten Date etwas ausgeben lässt. Nicht reich zu sein und sich Gedanken über Goldgräber zu machen ist in etwa so, wie in der Wüste zu stehen und Angst davor zu haben zu ertrinken – eine unbegründete Sorge. Das Geld, um das sich dieser Mann sorgt, ist fiktiv.

Ein Beispiel: Wenn ihr keinen Lamborghini fahrt, die Frau aber einen Mann mit Lambo will, dann kommt ihr für sie nicht infrage, weil ihr keinen Lambo habt. Sie aber für euch doch auch nicht, weil ihr keine Frau wollt, die einen Mann nur dann will, wenn der einen Lambo besitzt. Ihr wollt diese Art von Frau gar nicht, also braucht ihr sie auch nicht zu verurteilen. Der ein oder andere reiche Mann, der einen Lambo fährt, wird aber wiederum kein Problem damit haben, weil er es genießt, einer Frau diesen Lebensstil zu ermöglichen.

Pleite zu sein und sich über »Golddigger« aufzuregen ist auch ein bisschen peinlich. Ich könnte mich auch darüber aufregen, dass es viele Männer gibt, die wollen, dass ihre Frau aussieht wie ein Model. Jetzt kann ich diese Männer alle beleidigen und mich darüber aufregen, oder aber – wenn ich so einen Mann unbedingt will – etwas dafür tun, um wie ein Model auszusehen, damit in Zukunft dieser Typ Mann auf mich steht. Oder ich nehme es an und sehe ein, dass ein Mann, der nur auf die Figur einer Frau achtet, ohnehin nicht mein Ding ist.

»Lovebombing«

Eine Dating-Masche, bei der man sich sofort extrem viel Mühe gibt, einen mit Komplimenten, Geschenken und Aufmerksamkeiten überhäuft, um den anderen abhängig und gefügig zu machen, bevor man sein wahres Gesicht zeigt.

»Mosting«

Einer Person wird fälschlicherweise das Gefühl vermittelt, dass es sich um den Einen oder die Eine handelt, auf die schon ewig gewartet wurde. Das Opfer wird, ähnlich wie beim »Lovebombing«, mit Aufmerksamkeiten und Geschenken überhäuft. Doch sobald man die vermeintlichen Gefühle erwidert oder auf sie eingeht, wird man abserviert und geghostet.

»Marleying«

Wenn der Ex-Partner sich an Weihnachten – oder an Ostern oder an einem schönen Sommerabend – mit etwas sehnsüchtigen Nachrichten à la »Musste gerade an dich denken« meldet, weil Weihnachten – oder Ostern oder der Sommerabend – so unerträglich romantisch ist.

»Breadcrumbing«

Eine Flirttaktik, bei der es darum geht, dem anderen über Textnachrichten Hoffnung zu machen. Das Flirten dient einzig und allein dazu, immer mehr Aufmerksamkeit und Interesse zu erhaschen und den eigenen Selbstwert aufzumöbeln, denn zu einem Treffen soll es nie kommen. Das Opfer bekommt nur »Brotkrümel« zugeworfen.

»Fishing«

Durch Nachrichten wie »Was machst du gerade?« oder »Noch wach?!« eine spontane Verabredung abstauben.

»Freckling«

Eine Liebes-Affäre, die genau einen Sommer lang hält.

Ja, mir ist aufgefallen, dass das alles englische Begriffe sind, und ja, ich wusste auch nicht, dass es so viele gibt (bestimmt noch mehr), und bin selbst überrascht.

• Warum wir gar nicht anders können, als irgendwann über unseren »Best Buddy« herzufallen

Da wir gerade das Thema »Freundschaft plus« hatten: Ich glaube nicht an eine platonische Freundschaft zwischen Mann und Frau. Es ist evolutionsbedingt gar nicht anders möglich, als dass wir früher oder später das Bedürfnis verspüren, mit dem anderen zu schlafen. Ich habe das Konzept noch nie wirklich aufgehen sehen. Denn natürlich kann man sich die Frage »Warum sollte ich mit meiner besten Freundin schlafen?« stellen. Aber genauso gut kann man sich auch fragen: »Warum eigentlich nicht?« Wenn Frau und Mann befreundet sind, hatten sie entweder in der Vergangenheit bereits etwas miteinander, oder sie werden noch etwas miteinander haben. Auch nicht selten: Einer von beiden ist nicht abgeneigt, der andere aber schon.

Ich erinnere mich an meine Abi-Zeit, in der ich Zeugin von Cliquen wurde, in denen Partnertausch so normal war, wie sich abends die Zähne zu putzen. Jasmin war zwei Jahre mit Tim zusammen, dann kam Tim drei Monate mit Jill zusammen, die die beste Freundin von Jan war, der der beste Freund und Ex von Jasmin war. Jasmin hatte dann was mit Sabrina, die mal in Tim verliebt war …

In meinem Freundeskreis gibt es Frauen, die immer dann mit ihrem Kumpel schlafen, wenn beide gerade Single sind. Wenn einer der beiden wieder in festen Händen ist, hören sie auf, miteinander zu schlafen, und machen weiter als gute oder beste Freunde, sitzen gemeinsam mit ihren neuen Partnern beim Abendessen und haben ein Pärchen-Date – romantisch!

An alle, die es noch nicht mit ihrer besten Freundin getrieben haben und beteuern, dass sie es NIEMALS tun würden, um die Freundschaft nicht aufs Spiel zu setzen: Wenn ihre eure Beste einigermaßen attraktiv oder anziehend findet, lügt ihr! Ich denke, dass achtundneunzig Prozent aller Männer mit ihrer Freundin schlafen würden oder zumindest einmal daran gedacht haben. Und wir Frauen wissen das. Weil wir meistens diejenigen sind, die die Schlafzimmertür geschlossen halten. Wir wissen, dass ihr würdet, wenn ihr könntet oder wir euch ranlassen würden. Wir spielen damit, wir provozieren – mal mehr, mal weniger, mal subtiler, mal offensichtlicher –, und wir schauen, wie weit wir gehen können.

Natürlich gibt uns das einen kleinen Ego-Push, und natürlich genießen wir das. Aber wir wissen auch, dass einige von euch lungern und lauern und auf den passenden Moment warten. Das könnte man ja mal testen, indem man seinem besten Freund schreibt: »Heute fühle ich mich irgendwie so einsam. Ich bräuchte echt jemanden, der mich auf andere Gedanken bringt. Kommst du vorbei?«, oder: »Später noch bei mir?« Was meint ihr, wie viele von euch keine fünf Minuten später bei eurer besten Freundin auf der Matte stehen würden, gestriegelt und bereit? Besonders wenn Alkohol im Spiel ist.

Aber auch wir Frauen können in unseren besten Freund verliebt sein. Ich zum Beispiel hab es noch nie geschafft, mit einem Mann nur rein freundschaftlichen Kontakt zu haben. Jedem Mann, der mir so gut gefallen hat, dass ich mehr Zeit mit ihm verbracht habe, und dem ich auch geistig nahegekommen bin, wollte ich früher oder später auch körperlich nahe sein. Auch wenn am Anfang nicht besonders viel Anziehung da war, hat sie sich doch durch die Intimität entwickelt. Diese Verbindung war nur eine logische Schlussfolgerung.

Früher oder später will meistens mindestens eine Seite mehr. Und je nachdem, ob man Mann oder Frau ist, landet man dann eben in der »Freundschaft plus« oder in der »Friendzone«.

• Kennenlernen und connecten statt impressen

Das, was uns an euch am wichtigsten ist, ist eure Beständigkeit.

Wir achten darauf, wie oft ihr uns schreibt. Wie sehr bleibt ihr am Ball? Seid ihr bereit, mehr zu geben oder für uns außergewöhnlich zu werden? Es sind die kleinen Dinge, auf die wir dabei Wert legen.

Wir achten darauf, wie wir uns in eurer Gegenwart fühlen. Macht ihr komische Witze oder anzügliche Anspielungen? Berührt ihr uns zu oft und tastet euch dabei immer weiter voran, obwohl uns das eindeutig zu flott geht? Dann ist uns schnell bewusst, dass euch nicht viel daran liegt, ob wir uns mit euch wohlfühlen. Offenbar ist es euch egal, dass ihr Gefahr lauft, uns abzuturnen.

Auch eure Geduld stellen wir anfangs gerne auf die Probe. Wir achten ganz genau darauf, wie lange es für euch okay ist, wenn wir euch nicht küssen oder nicht mit euch schlafen. Je länger ihr geduldig bleibt, desto mehr ist es für uns ein Zeichen dafür, dass ihr an uns als Mensch interessiert seid und die Chance wahrnehmt, uns erst einmal auf einer mentalen Ebene kennenzulernen. Im besten Fall macht es euch so wenig aus, auf uns zu warten, bis wir uns irgendwann fragen: »Was ist denn jetzt nun mit dem Kuss?«

Viele von euch versuchen uns in der Kennenlernphase so heftig wie möglich zu beeindrucken. Das klappt auch häufig – nur eben nicht lange. Früher oder später kommt es ans Licht, wenn all die Überraschungen und Traumdates Ablenkungsmanöver waren, wenn ihr all das für euch selbst, für euer Ego und nicht für uns gemacht habt.

Dabei bleiben die Männer, die zeigen, wer sie wirklich sind, in unserem Gedächtnis. Es sind die Männer, die offen mit ihren Stärken und Schwächen umgehen und die eine Verbindung mit uns aufbauen, indem sie wirklich zuhören und sich für uns interessieren, an die wir ewig zurückdenken. Die Männer, die in der Lage sind, sich selbst zu reflektieren und sich nach einem Streit zu entschuldigen, und die gewillt sind, voneinander zu lernen.

Ohne echte Verbindung vergessen wir die krassesten Restaurants, die abenteuerlichsten Ausflüge, die herrlichsten Sonnenuntergänge und dass ihr fünf Sprachen sprecht oder in London oder Australien studiert habt. All das ist nichtssagend und bedeutungslos, wenn es darum geht herauszufinden, ob ihr zu uns passt.

So kriegst du deine Traumfrau

Für die meisten von uns ist die Wahl eines
Partners wie das Herumtappen im Dunkeln.
Es macht Spaß, bis das Licht angeht.

Ron Smothermon[7]

Nicht nur, wenn ihr eine Frau ins Bett kriegen wollt, sondern für alle Berührungspunkte mit dem anderen Geschlecht gilt: Sagt, was ihr wollt.

Das setzt natürlich voraus, dass ihr euch auch wirklich darüber im Klaren seid, was ihr wollt. Fragt euch mal in einer ruhigen Minute, was ihr eigentlich erwartet. Achtsamkeit ist für Frauen und Männer wichtig. Macht eine kleine Bestandsaufnahme: Seid ihr aufrichtig dazu bereit, eine echte Liebesbeziehung einzugehen?

Habt den Mumm, eure Wünsche klar zu formulieren. Das könnt ihr ihm Job doch auch! Es ist ein Risiko – vielleicht verschreckt ihr sie, vielleicht auch nicht –, aber keine Eier, keine Kekse.

Frauen sind dankbar dafür, wenn ihr die Karten auf den Tisch legt! Und ihr werdet es auch zu schätzen wissen, wie dankbar wir dafür sind, auch wenn ihr Aufrichtigkeit jetzt vielleicht noch als besonders mühselig empfindet. Es ist Gold wert, von Anfang an zu wissen, mit wem wir es zu tun haben.

Ich behaupte, dass die Liebe nur ein flüchtiges und temporäres Gefühl bleiben wird, solange Frau und Mann nicht endlich damit anfangen, ehrlich und offen darüber zu sprechen, wer sie wirklich sind, wo sie Defizite haben, mit welchen Dämonen sie zu kämpfen haben, was ihnen fehlt und was sie wirklich wollen. Kommunikation und Ehrlichkeit sind nämlich der Schlüssel zu einer erfüllten und glücklichen Beziehung. Ohne sie bleibt ihr im ewigen Teufelskreis von »Sich-verlieben-und-wieder-Trennen« gefangen.

Also fürchtet euch nicht davor, einfach zu sagen, wo ihr gerade steht und wer ihr seid. Was seid ihr bereit, mit einzubringen? Was wünscht ihr euch in einer Beziehung und auch von eurer Partnerin?

Werdet euch dessen bewusst, was ihr davon selbst geben könnt. Es ist erstaunlich, dass wir das, was wir uns vom anderen so sehnlichst wünschen, oft selbst gar nicht geben können.

So. Eigentlich könnte man an dieser Stelle auch das Buch weglegen. (Lies weiter, das Thema Sex kommt noch.) Im Grunde ist das die Essenz, die Herznote einer glücklichen Beziehung mit eurer Traumfrau. Und trotzdem fällt es so vielen unglaublich schwer, Antworten auf Fragen zu geben, die nur euch selbst betreffen. Dabei lohnt es sich wirklich zu schauen, was bei euch im Argen liegt, und das zu reparieren.

So viele von euch rennen vor Frauen weg, die ihr eigentlich gerne in eurem Leben hättet. Wovor ihr dabei wohl wirklich flüchtet, sind die kaputten Teile eurer selbst, die ihr noch nicht in Ordnung gebracht habt. Und eben diese Unfähigkeit und das Nicht-Reflektieren wird euch durch die Frau widergespiegelt. Vielleicht fühlen sich viele von euch deshalb einer Beziehung mit ihrer Traumfrau nicht würdig.

Auch ihr Männer könnt Frauen, die diese unverbindliche Art an den Tag legen und euch im Ungewissen lassen, eine klare Grenze ziehen.

Robert Betz, ein deutscher Psychologe, Coach und Autor, hat bei »Welt-im-Wandel.tv« einmal etwas Wunderbares gesagt: »Weil ich dich liebe, will ich, dass du die Karten auf den Tisch legst. Ich möchte wirklich wissen, wie es dir geht. Ich halte den Mund, verurteile nicht und will wissen, wie es dir ergangen ist.«[8]

In einer Partnerschaft gehe es darum, innerlich aufzuräumen und Lust daran zu haben, die Erlebniswelt des anderen kennenzulernen, das Verschiedensein des anderen wertzuschätzen, ohne so sein zu müssen wie der Partner. Er spielte mit dem Wort »Täuschung« und sagte, dass viele Beziehungen scheitern, da wir mit unwahren Gedanken in eine Beziehung gehen und somit mit einer Täuschung. So könne es am Ende gar nicht anders ausgehen als mit einer Ent-täuschung, da man sich selbst ge-täuscht hat oder getäuscht wurde.[9]

Ich fand das großartig, erleuchtend, aufschlussreich und faszinierend.

Ich habe einmal einen Mann kennengelernt, der ganz anders war als jeder Mann, den ich zuvor getroffen hatte, sowohl äußerlich als auch von seiner Art, die sehr besonders war.

Er hatte zum Beispiel ein Android-Phone. Ich lehnte bis dahin Männer mit Android-Telefonen grundsätzlich ab. (Ich übertreibe bewusst.) Ich dachte – und denke, um ehrlich zu sein, immer noch –, dass mit Menschen, die so eine komplizierte Handhabung eines Mobiltelefons bevorzugen, etwas nicht stimmen kann.

Wir haben uns oft gegenseitig damit aufgezogen. Sein

Humor war auch in den banalsten Situationen köstlich. Er sagte: »Menschen mit einem iPhone sind Benutzer, die zweitausend Euro für ein Gerät ausgeben, mit dem sie telefonieren und Nachrichten schreiben, und Samsung-Handys sind für Entwickler, die sich das Telefon so programmieren, dass es perfekt auf ihre Bedürfnisse abgestimmt ist.« (Bei aller Liebe, mein iPhone ist auch perfekt auf meine Bedürfnisse abgestimmt.) Wie dem auch sei: Wir kamen nie auf einen gemeinsamen Nenner.

Als spätes und einziges Wunschkind der Eltern großgeworden, hat er zwar irgendwann verstanden, dass sich die Welt nicht nur um ihn dreht, aber so wirklich verinnerlicht hat er diese Erkenntnis nie. Er lebte in seiner eigenen Welt und teilte nur selten. Ich möchte behaupten, dass er fast schon autistische Züge hatte, mit einer ordentlichen Portion Nihilismus garniert.

Außerdem war er unglaublich verpeilt und verträumt. Er vergaß, wenn das Brot im Sandwichmaker toastete, suchte ständig seine Schlüssel, machte sich zum Einkaufen nie wirklich eine Liste, sondern wollte sich vom Sortiment »inspirieren« lassen, um dann doch immer dieselben Sachen zu kaufen. Er naschte lieber Süßigkeiten, als dass er aß, was auf dem Teller war.

Obwohl er sehr sportlich war, machte er sich ständig Gedanken um seine Figur. Dabei war er wirklich sehr, sehr schmal! (Schmaler als ich auf jeden Fall.) Und er hatte diese krumme, schildkrötenartige Körperhaltung.

Aus Oberflächlichkeiten und Luxus machte er sich nichts. Seine Garderobe bestand aus Werbegeschenken auf der einen und Wanderkleidung auf der anderen Seite. Also wirklich teure, hochwertige Kleidung, die tatsächlich warmhält, wenn es draußen kalt ist.

Die gesamte Einrichtung seiner Wohnung hatte er von

seinen Eltern übernommen, da wurde nicht ein einziges Mal der Tisch verrückt. Als ich das Apartment zum ersten Mal betrat, wollte ich eigentlich rückwärts wieder aus diesem Museum aus Holzmöbeln und Spitzengardinen stolpern und ihn danach niemals wiedersehen.

Er schlief noch immer in demselben Zimmer, in dem er als Kind schon geschlafen hatte. Sogar das Bett, in dem er gezeugt worden war, stand noch komplett so da, in einem Abstellraum getarnt als Gästezimmer. Die gesamte Wohnung wirkte, als hätten seine Eltern am Vortag ein paar Klamotten in einen Koffer gepackt und wären aus der Tür gegangen. Seit Jahrzehnten war alles genau so, wie es eben war. Nur die Souvenirs, die er aus dem Urlaub mitbrachte, ein Zeichen seiner Weltoffenheit, schmückten hier und da die Wände, Lampen oder Regale.

»Ich habe keinen Geschmack«, gab er ganz ungeniert zu.

Wandern war sein Ding. Und Fahrradfahren. Und Sammeln.

Bei unserem vierten Date entdeckte ich, wie sehr er Sperrmüll liebte. Auf dem Weg vom Supermarkt zu ihm nach Hause blieb er einfach stehen und suchte sich aus dem Haufen fröhlich ein paar Sachen zusammen. Damit ich auch etwas zu tragen hatte, drückte er mir einen pinken »Hello Kitty«-Kinderregenschirm in die Hand.

»Du brauchst nicht so leidend zu schauen«, sagte er dann und küsste mich.

Ich musste grinsen, weil ich seine Reaktion in diesem absurden Setting so bezaubernd fand. Er hatte einfach Freude daran, er selbst zu sein, und das rührte mich.

Er war schon etwas älter, hatte aber bis zu diesem Zeitpunkt noch nie mit einer Frau zusammengelebt. Ja, er lehnte das Zusammenleben sogar rigoros ab, sah darin keine Notwendigkeit, solange man keine gemeinsamen Kinder hatte – die er natürlich auch nicht wollte. Das erzählte er mir einfach so.

Zu jeder seiner Ex-Freundinnen hatte er noch freundschaftlichen Kontakt. Mit einer von ihnen traf er sich regelmäßig zum Kochen, von einer erzählte er mir ständig, und einer anderen lieh er sogar sein Auto, mit einer vierten feierten wir gemeinsam Silvester.

Er fuhr mit seinen Kumpels in den Urlaub, statt auf die Idee zu kommen, einen Trip mit mir zu planen.

Er war kein Romantiker. Er sagte nie, dass er mich vermisste, sondern fragte stattdessen regelmäßig nach Treffen. Er plante keine Überraschungen für mich und sagte ganz offen, wenn er allein sein wollte. Genauso musste man ihm eigentlich immer ganz klar und deutlich sagen, was man erwartete; »durch die Blume« verstand er nicht.

Empathie war ihm jetzt kein Fremdwort, aber er gab zu, dass er auf den Gebieten Feinfühligkeit und Sensibilität noch etwas Nachhilfe brauchte. So erkundigte er sich manchmal, wenn ich mich distanzierte, ob ich wegen etwas, was er getan oder nicht getan hatte, sauer sei. Ich verstand irgendwann, dass ich bei ihm klar ausdrücken musste, was ich wollte.

Ich empfand das als sehr anziehend und erfrischend, und ich bewunderte ihn dafür, dass er sich traute, voll und ganz er selbst zu sein. Das fand ich sexy. Wenn er neue Menschen kennenlernte, ging er davon aus, dass er ohnehin geliebt werden würde, und wenn nicht, konnte er das nicht wirklich glauben.

Natürlich verknallte ich mich ganz hoffnungslos in ihn und jede seiner Eigenarten. Ich nahm das alles mit Humor oder fand es ganz außergewöhnlich süß und mitreißend. Ich erfreute mich an seiner Bodenständigkeit, und wir genossen zusammen die kleinen Dinge des Lebens – auch wenn mein

Körper sich jedes Mal versteifte, wenn wir an einem Haufen Sperrmüll vorbeigingen.

Er erklärte mir auch, was für ihn unter die Kategorie »Verrat« fiel. Er erwartete von seiner Freundin Loyalität und Zustimmung, dass sie zu ihm hielt und für ihn im Notfall lügen würde. Auf Monogamie hingegen legte er bei seiner Partnerin nicht besonders viel Wert.

Für ihn sei es völlig verständlich, dass seine Frau, nachdem sie über zehn Jahre mit ihm verheiratet gewesen sei, auch mal Lust habe, es mit jemand anders zu treiben. Solange die Hygiene dabei eingehalten werde, mache ihm das nicht viel aus. Eifersucht, so sagte er, sei ein unbekanntes Gefühl für ihn.

Natürlich hätten all seine Offenbarungen, die jetzt nicht ideal waren, auch dazu führen können, dass er mich am Ende nicht kriegt. Aber wenn mir das alles nicht gepasst hätte, hätte er sicher eine andere glücklich gemacht.

Mit ihm hatte ich zum ersten Mal in meinem Leben die Chance, wirklich zu erfahren, mit wem ich es zu tun hatte, und irgendwie fühlte ich mich dadurch zum ersten Mal so richtig ernst genommen. Denn plötzlich war nicht nur seine Zeit und Energie wertvoll, sondern auch meine. Bei ihm wusste ich genau, wo ich stand, und konnte so entscheiden, was ich zu geben bereit war und für wie lange. Ein schöner Nebeneffekt war, dass er auch mich dazu brachte, mich komplett gehenzulassen und ich selbst zu sein.

Was ich damit sagen will: Er sagte mir nie das, was ich hören wollte. Aber dafür machte er mir auch nie vor, jemand zu sein, der er nicht war.

Ich denke, das ist groß und wundervoll – und auch, dass es nur so geht. Nur so ist es möglich, seinen Partner richtig kennenzulernen und im weiteren Verlauf herauszufinden, inwiefern man dieselben Ideale und Werte teilt und ähnliche Erwartungen an das Leben hat. Und auf dieser fairen Ebene kann man letztendlich herausfinden, ob man es sich vorstellen kann, mit diesem Menschen eine längere Zeit oder sogar den Rest seines Lebens zu verbringen. Tiefe Erfüllung gibt es nur in der Hingabe: ohne Geheimnisse, Verlogenheit, Täuschungen oder Vergleiche.

• Liebe IST harte Arbeit

Zu lieben bedeutet, seine Einstellung zum Leben zu verändern. Weg vom Ego, von der Schnelllebigkeit und dem Konsum hin zur Hingabe und Ausdauer. Die braucht man nämlich. Und Liebe und Verliebtheit gilt es auseinanderzuhalten.

Mit dem ständigen neurobiologischen Stress-Cocktail aus Adrenalin und Endorphinen wäre ein dauerhafter Verliebtheitszustand ganz schön ungesund für uns, und wir wären gar nicht in der Lage, unser Leben normal fortzuführen. Die Hormone müssen sich nach ungefähr zwei Jahren normalisieren, Geborgenheit und Sicherheit bringen durch Serotonin und Oxytocin wieder Ruhe in unsere Gefühlswelt.

Jetzt wäre der beste Zeitpunkt, sich die Liebe verfestigen zu lassen, doch inzwischen ist das leider häufig der Moment, in dem Beziehungen beendet werden, bevor Liebe überhaupt entstehen kann. Wenn die Leidenschaft nachlässt, glauben viele, dass die Liebe verflogen ist, doch das ist ein Trugschluss. Erst wenn der Rausch des Verliebtseins abflaut, kann man sein Gegenüber richtig kennenlernen, und erst dann kann Liebe entstehen. Dann geht plötzlich das Licht an, und man sieht seinen Partner so, wie er wirklich ist, mit all seinen Fehlern und nervigen Eigenarten. Und das ist der Moment, in dem sich echte Liebe entwickeln kann. Doch das bedeutet auch, sich immer wieder aufs Neue füreinander zu entscheiden, egal was oder wer kommt.

Bei aller Einsicht, die man seinem Gegenüber in seine Seele gewährt, und bei allem Risiko, das man eingehen sollte, um seinem Partner klarzumachen: »Das bin ich!«, meine ich das nicht im Sinne von »Ich bin halt so und so, und deswegen musst du mich nehmen, wie ich bin«.

Ich bin zwar der festen Überzeugung, dass man die Bausteine, aus denen man besteht, nicht ändern kann, ABER ich bin auch der festen Überzeugung, dass man sie verschieben und neu anordnen kann, wenn man eben gewillt ist, an sich zu arbeiten. Und das sollte man auch, wenn zwei Individuen aufeinandertreffen, die unterschiedlich erzogen und an unterschiedlichen Orten unter unterschiedlichen Bedingungen aufgewachsen sind. Denn auch wenn Kompromisse einzugehen bedeutet, dass im Zweifel beide Seiten nicht genau das bekommen, was sie wollen, bedeutet es auch, dass man die Bereitschaft zeigt, für den anderen und für die Beziehung an sich zu arbeiten, zurückzustecken und sich anzupassen – nicht für ein »Dich« oder »Mich«, sondern für ein »Uns«. Nicht weil man es muss, sondern weil man es will.

Der Psychoanalytiker, Philosoph und Sozialpsychologe Erich Fromm schrieb schon Ende der 1920er-Jahre, dass Liebe nichts Natürliches sei. Liebe erfordere seiner Meinung nach vielmehr Disziplin, Konzentration, Geduld, Glauben und die Überwindung des Narzissmus. Fromm bezeichnet die Liebe nicht als ein Gefühl, sondern als eine Übung.[10]

Auch wenn ich ihm in dem Punkt, dass Liebe nichts Natürliches ist, widersprechen würde – denn wenn beide Menschen die beste Version von sich selbst mitbringen, fällt alles, besonders am Anfang, ganz natürlich und ohne große Bemühungen an seinen Platz –, stimmte ich ihm schon zu, dass Liebe harte Arbeit bedeutet. Zu lieben muss erlernt werden. Es ist ein konstanter Kreislauf von sich lieben, streiten, versöhnen, zerstören, wieder aufbauen, sich überwinden, triggern lassen und sich selbst in der Beziehung zu seinem Partner besser kennenlernen. Sich zu lieben bedeutet, die Sicherheit zu haben, auch mal sagen zu können: »Du hast mich damit enttäuscht, reden wir darüber!«

Dass man mit seinem Partner reinen Tisch machen und ihm zeigen sollte, wie man ist, bedeutet aber nicht, dass wir alles akzeptieren und hinnehmen werden, was ihr macht.

Wir Frauen haben Erwartungen an euch Männer.

Wir erwarten, dass ihr auch mal kocht und euer Zeug wegräumt.

Wir erwarten, dass ihr euch mit uns absprecht und dass ihr uns auch mal überrascht und ausführt.

Wir erwarten, dass ihr mal unerwartet anruft.

Wir erwarten von euch, dass ihr ehrgeizig und fleißig seid, dass ihr den Klodeckel nach dem Pinkeln wieder runtermacht und in der Lage seid, die Tür leise hinter euch zu schließen, wenn ihr vor uns das Haus verlasst.

Wir erwarten ein ausgewogenes Verhältnis aus Unternehmungen, Abenteuer und Spaß auf der einen Seite und ruhigen Abenden auf der anderen Seite.

Wir sind nicht eure Mütter, die alles akzeptieren und euch loben, egal wie ihr euch verhaltet!

Die belgische Psychotherapeutin Esther Perel sagte einmal in einem Interview mit dem Youtuber Jay Shetty, dass wir uns in einer Partnerschaft genauso viel Mühe geben sollten wie auf der Arbeit. Dort gäben wir alles, weil wir wüssten, dass wir unseren Arbeitsplatz verlieren würden, wenn wir es nicht täten. In einer Partnerschaft glaube man jedoch, dass der Partner da sei und da bleibe, egal wie der andere sich verhalte.[11]

Damit ist nicht gemeint, dass ihr vor eurer Frau nicht traurig sein dürft, wenn euch danach ist, oder nicht mürrisch, schwach oder verträumt. Es geht nicht darum, etwas zu überspielen, sondern die Beziehung nicht als selbstverständlich zu betrachten.

Eine Frau möchte hören, dass ihr sie liebt. Ja, ich weiß, ihr zeigt das anders, zum Beispiel indem ihr unser Fahrrad repariert oder euch merkt, wie wir unseren Kaffee trinken. Und trotzdem müssen wir es manchmal einfach hören!

• Untreue – Ab wann ist Fremdgehen Fremdgehen?

Untreue zu verstehen bedeutet nicht, sie zu rechtfertigen. So natürlich es ist, Gefühle für andere zu entwickeln oder sich von anderen angezogen zu fühlen: Jeder hat die Wahl, ob er diesen Verlockungen letztendlich erliegt oder nicht. Und Monogamie ist, genau wie die Liebe, eine Entscheidung, die man trifft.

Ich denke, diejenigen, die eine traditionell monogame Beziehung bevorzugen, sind sich einig, dass die Untreue immer ein Vertrauensbruch ist. Sie schmerzt auf so vielen Ebenen. Der Seitensprung ist eine einseitige Entscheidung, bei der einer von beiden hinter dem Rücken des anderen ganz egoistisch den besten Deal für sich selbst abschließt. Betrogen zu werden setzt uns all dem Leid aus, vor dem die Liebe uns eigentlich schützen sollte.

Und doch gehen so viele Leute fremd oder kennen jemanden, der jemanden kennt … Untreue ist allgegenwärtig, sie ist ständig um uns. Manchmal sind wir selbst direkt oder indirekt davon betroffen, aus den unterschiedlichsten Gründen. Die Affäre ist heute nur einen Wisch entfernt, die Versuchung lauert an jeder Ecke, und das digitale Universum bietet unendliche Möglichkeiten, unseren Durst nach Abwechslung zu stillen.

Doch auch die Fülle an Informationen, mit denen der

Betrogene durch die Technik konfrontiert wird, ist neu. Während früher Details über die heiße Affäre einfach weggelassen oder beschönigt wurden, kann man heutzutage anhand von Nachrichtenverläufen, Urlaubsfotos und Abbuchungen für Geschenke und Hotels den Verlauf der Affäre akribisch rekonstruieren und sich mit dem vollen Ausmaß quälen:

Die Geschäftsreise war doch eine Liebesreise nach Phuket, und auch die Affäre hat einen liebevollen Kosenamen. Er schreibt ihr, dass er sie vermisst und Lust auf sie hat – Moment, das war doch an dem Tag, an dem wir zusammen in den Bergen waren? Sie freut sich über ihr Weihnachtsgeschenk, das Armband hat er doppelt gekauft …

Untreue sagt etwas über unsere Sehnsüchte aus, aber sie muss nicht immer ein Zeichen dafür sein, dass in der Beziehung etwas nicht stimmt. Auch Menschen in glücklichen Beziehungen gehen fremd.

Es gibt viele Gründe für einen Seitensprung. Menschen gehen fremd, um sich wieder lebendig zu fühlen oder um den Reiz des Verbotenen auszukosten, um bei ihrem Partner bleiben zu können, weil ihre sexuellen Bedürfnisse zwar wichtig sind, aber nicht wichtig genug, um dafür auf den Partner, den man liebt, oder das Familienleben zu verzichten. Affären sind Akte der Rebellion oder des Widerstands, sie passieren aus Langeweile oder weil das Bedürfnis nach Abwechslung und Aufregung zu groß geworden ist.

Für Menschen, die in einer gewalttätigen Beziehung stecken, kann der Seitensprung Freiheit und Selbstermächtigung bedeuten. Manche betrügen und lügen, um sich zum ersten Mal der Wahrheit nahe zu fühlen, weil ihre eigene Beziehung oder Ehe auf einer Lüge aufbaut. Manche wollen einfach nur ihren Marktwert testen, und die Eroberung dient der Selbstbestätigung. Für manche ist die Affäre ein kurzes Abenteuer, einmalig und aufregend, für andere ist es der Aufbruch zu einem neuen Leben mit einem anderen Partner. Affären können eine verändernde Kraft sein, ein Weckruf, der Todesstoß oder bestenfalls ein Neuanfang für die Beziehung.

Die Möglichkeiten, die das Fremdgehen im digitalen Zeitalter erleichtern, sind schier unendlich.

Der Comedian Aziz Ansari formulierte es so: »Wer in der heutigen Zeit ein Smartphone besitzt, trägt rund um die Uhr etwas mit sich herum, das quasi der Singlekneipe von früher entspricht.«[12]

Diese Singlekneipe wird nicht nur von Singles genutzt. Das Internet bietet rund um die Uhr Zugang zu den heimlichen Begierden, bietet Schnupperausflüge und konkrete Angebote, für die man nicht mal mehr das Haus verlassen muss.

Nicht jede Untreue ist gleich. Doch wer bestimmt die Grenzen? Ab wann geht ein Partner fremd? Für den einen bedeutet der Besuch auf einer Porno-Website eine Grenzüberschreitung, für den anderen ist ein Like auf Instagram schon zu viel. Während für den einen ein Kuss, enges Tanzen oder Flirten noch nicht als Fremdgehen gilt, ist das konkrete Reinstecken das No-Go und der Vertrauensbruch. Für die einen ist die heimliche Liebe das größere Übel, für die anderen der verbotene Sex. Für Paare in offenen Beziehungen ist der Sex mit einem Fremden nicht das Problem, aber einen anderen »Schatz« zu nennen ein Trennungsgrund.

Auch die moderne Liebe ist im Wandel, das Ideal einer monogamen Beziehung gibt es für viele nur noch im Märchen. Ja, das Konzept von Monogamie muss neu überdacht werden. Vor allem aber ist die eigene Vorstellung von Monogamie in einer Beziehung ein weiterer Punkt, der besprochen und geregelt werden muss. Auf die Frage »Was bedeutet Treue für dich«? gibt es schon lange keine automatisch definierte Antwort mehr. Daher ist es wichtiger denn je, aufrichtig auf Fragen wie »Was bedeutet Verrat für dich?«, »Ab wann ist es für dich Betrug?« und »Wie wollen wir sexuelle Bedürfnisse ausleben?« zu antworten. Jedes Paar muss hier seine eigenen Regeln finden.

Wenn das nur so einfach wäre, wie es klingt! Doch in der Realität sind die meisten Paare noch weit davon entfernt, dieses Gespräch zu Beginn einer Beziehung zu führen oder es anzusprechen, wenn sie spüren, dass sich etwas in der Partnerschaft verändert hat. (Die Gay-Community ist uns da übrigens weit voraus. Das Gespräch über Monogamie, »Ja« oder »Nein«, gehört mittlerweile zu den Standard-Fragen in der Kennenlernphase.) Es wird verraten, betrogen, gedemütigt und gelogen – auch, aber natürlich nicht nur, um seinen Partner zu schützen.

• Detektiv-Büro Venus – Eine Warnung

Es gibt nichts, was in der Recherchearbeit kraftvoller und gründlicher ist als ein Tisch voller Frauen, die einen Mann durchleuchten. Bereits nach dem ersten Date oder bei einem Verdacht geht die investigative Arbeit los. Alles wird unter die Lupe genommen. Es wird unter jeden Hut geschaut, die sozialen Netzwerke durchforstet und Google-Einträge gescannt, die auf eigenartige und unerwartete Facetten einer Person schließen lassen.

Es gibt keine mächtigere Organisation als Freundinnen mit Internetzugang. Sie werden finden, was ihr so sorgfältig versteckt, längst vergessen oder noch nicht einmal gepostet habt. Sie werden es durch Netzwerke und logische Schlussfolgerungen beweisen können, wenn es eine andere Frau gibt. Sie werden intuitiv und auf Basis kleinster Hinweise mit dem Finger auf diejenige zeigen, die auf eurem Schoß saß. Sie werden herausfinden, was sie zum Frühstück isst und welches Parfüm sie benutzt, wo sie arbeitet und wo sie sich in ihrer Freizeit aufhält. Freundinnen sind die fähigsten Detektive auf der Welt.

• Warum Frauen fremdgehen – und ihre Männer es nie erfahren müssen

Wenn Frauen euch fremdgehen, liegt es meistens an folgendem Grund: Wir standen bei euch nicht an erster Stelle!

Viele von uns gehen mit der Überzeugung durch die Welt, dass die wichtigste Person im Leben der Partner sein sollte. Der eigene Mann steht bei einer Frau an erster Stelle.

Doch Studien besagen: Frauen gehen ihren Männern genauso oft fremd, mittlerweile sogar öfter, als Männer ihren Frauen. Laut einer Elitepartner-Studie aus dem Jahr 2020 soll jede dritte Frau, die in einer festen Beziehung ist, fremdgegangen sein. (Befragt wurden 5.600 Deutsche.)[13]

Der Psychologe Dr. David Schmitt von der Bradley University sammelte in achtundvierzig Ländern Daten zu sexuellen Gewohnheiten und fand heraus, dass Frauen in ihren Dreißigern am häufigsten fremdgehen, während Männer mit Ende zwanzig eher anfällig dafür sind. Hintergrund für seine Ergebnisse ist, dass Mutter Natur Frauen dazu drängt, zwischen fünfunddreißig und vierzig noch einmal sexuell aktiv zu werden, bevor ihre Wechseljahre beginnen. Männer hingegen haben den Höhepunkt ihrer Testosteronwerte mit Ende zwanzig erreicht.[14]

Tendenziell sind Frauen von Monogamie auch schneller gelangweilt als Männer. Denn in einer sicheren und gefestigten Beziehung fehlt der Frau mit der Zeit der Plot. Für uns fängt das Vorspiel mit dem letzten Orgasmus an. Das ganze Spiel der Verführung, die Gespräche, wie wir behandelt und angeschaut werden, all das sind potenzielle Anturner, die unsere Lust und die Vorfreude auf den Sex steigern. In einer gefestigten Beziehung aber fällt der Aspekt der Verführung nach einiger Zeit weg. Abends liegt man dann, wie jeden Abend, nebeneinander im Bett und fragt sich: »Hast du Lust? Ja? Super, auf geht's!«

Auch wir Frauen können Sex von Liebe unterscheiden. Die Annahme, dass weibliche Lust nur von enger Bindung abhängig ist, ist nicht korrekt, sonst würde ja der Sex in Ehen immer perfekt laufen – tut er aber nicht. Frauen sind auch versaut und sexy, haben Lust auf das Verbotene, Ungezügelte, Anonyme und Neue. Das ist genauso wie bei Männern. Nur ist Frauen das Ausleben ihrer Fantasien oft nicht genug wert, um Dinge, die ihnen wichtiger sind – wie zum Beispiel emotionale Verbundenheit –, dafür aufzugeben.

Es gibt auch kein Erkennungsmerkmal, an dem man feststellen könnte, ob eine Frau das »Zeug« dazu hätte, ihrem Mann fremdzugehen. Natürlich gibt es notorische Verführerinnen, die prinzipiell fremdgehen. Doch sich auf sie einzulassen bringt euch nichts als Krankheiten und Unzufriedenheit.

Historisch gesehen diente Monogamie zur Kontrolle der Fortpflanzung und der Erbfolge. Das Treueversprechen hatte nichts mit Liebe zu tun, sondern sollte vielmehr regeln, wem welcher Besitz zustand und an wen die Taschenuhr vererbt werden sollte. Doch was damals eine Vorschrift war, die besonders für Frauen galt, ist heute eine Wahl, die beide Geschlechter treffen. Dabei ist die Vorstellung von einer monogamen Beziehung als »normal« so tief verwurzelt, dass die meisten Paare gar nicht darüber sprechen, sondern es als gegeben hinnehmen. Verlustängste lassen uns am Prinzip der Monogamie festhalten, auch wenn einigen von uns das Konstrukt der Treue zunehmend als fraglich erscheinen mag – wir wollen einfach nicht mehr lügen müssen.

Affären können jeder und jedem passieren. Gelegenheit macht Affären, und es kommt erstaunlich oft zu Seitensprüngen.

Bei Frauen ist häufig das Gefühl der fehlenden Wertschätzung der Grund dafür, dass sie sich entscheiden fremdzugehen. Es ist vielmehr eine Sehnsucht als das Bedürfnis nach Sex. Es ist der Wunsch, begehrt und gesehen zu werden, sich als jemand Besonderes zu fühlen, Aufmerksamkeit zu bekommen und Verbundenheit zu erleben. Der Seitensprung ist meist ein Ausdruck von Widerstand und Auflehnung, von enttäuschter Liebe, Rache und unerfüllten Sehnsüchten. Denn jeder Seitensprung einer Frau ist auch ein Signal an ihren Liebsten: *Wenn du es nicht tust, gibt es Männer da draußen, die es tun werden.* Wir signalisieren euch, dass etwas schiefläuft, in welcher Fremdgeh-Form auch immer. Es ist eine unschöne Mischung aus Trotz und Rachsucht, aus gekränktem Stolz und Schwäche.

Ich will nicht sagen, dass es toll ist, dass Frauen, die fremdgehen, dies in den meisten Fällen als letzte Option sehen, um euch endlich begreiflich zu machen, was ihr an uns habt. Ich liefere nur eine Erklärung dafür. Eine Affäre ist immer egoistisch und verletzend, aber sie macht auch auf ein Problem aufmerksam.

Doch es gibt noch einen zweiten Grund, aus dem wir fremdgehen. Gerade am Anfang, in den ersten zwei Jahren einer Beziehung, sind wir empfänglich für die männliche

Konkurrenz. Der Grund: Uns fehlt die Sicherheit. Wir können euch noch nicht ganz einschätzen und wissen nicht, inwiefern ihr das Zeug für eine ernsthafte Beziehung habt. Außerdem verspüren auch wir einen Anflug von Panik, wenn es darum geht, uns auf eine Person festlegen zu müssen. Ein Teufelskreis, weil Männer häufig am Anfang wenig Bindungswillen an den Tag legen.

Aber auch auf einem fortgeschrittenen Beziehungslevel ist der Seitensprung oder die Affäre ein Problem der fehlenden Sicherheit, des fehlenden Kontaktes und Austauschs. Es ist ein Alarmsignal für die Ehe – oder aber ihr Aus. Gespräche, Zuneigung und eine gemeinsame Perspektive fehlen uns.

In einer ohnehin zerrütteten Beziehung sinkt das Selbstwertgefühl der Frau, und das Frustlevel steigt. In ihr wächst eine Art kleiner Gremlin, der nicht verstehen kann, warum ihr sie nicht wertschätzt. Warum fällt euch ein »Danke« so schwer? Warum seht ihr alles, was sie ist und was sie macht, als selbstverständlich an? Warum weist ihr sie ab und wollt vielleicht sogar keinen Sex mehr? Warum setzt ihr euch lieber jeden Tag mit einem Bier vor den Fernseher, als mal wieder mit ihr ein Restaurant zu besuchen?

Sie wird ihr Selbstwertgefühl und ihre emotionalen Akkus bei einem anderen Mann aufladen. Sie wird ihn testen und ausprobieren, um zu schauen, ob dieser Mann theoretisch euren Platz einnehmen und euch ersetzen könnte. Denn auch unseren Liebhaber wählen wir Frauen ganz bewusst. Im Idealfall ist er eine bessere Version von euch.

Wir wollen, dass ihr ihn seht!

Wenn eine Frau fremdgeht, und ihr erfahrt es, wollte eure Frau womöglich, dass es rauskommt. Denn Frauen haben in der Regel genügend Organisationstalent, um mit einer Affäre ungestraft davonzukommen. Jedes Signal, das sie gibt – erst die kleinen Indizien, die von euch nicht bemerkt werden, dann die großen Hinweise, die immer eindeutiger und lauter werden, getrieben von dem Entsetzen, dass es euch noch immer nicht aufgefallen ist –, ist ein stummer Schrei nach Hilfe und Liebe.

Etwas läuft falsch! Erkennt ihr es und wollt die Beziehung retten, wird sie mit hoher Wahrscheinlichkeit zu euch zurückkommen. Und dann müsst ihr euch gemeinsam ganz offen folgende Fragen stellen: »Wie konnte es so weit kommen?«, und: »Was soll sich ändern?«

Erkennt ihr es nicht oder wollt euch wegen ihrem Seitensprung trennen, hat sie ja schon ihren Liebhaber als potenziell neuen Partner.

Es tut mir echt leid, das sagen zu müssen, aber wenn in eurer Partnerschaft alles tutti ist und sie zufrieden mit euch, werdet ihr wahrscheinlich nie erfahren, wenn sie euch fremdgegangen ist. Denn dann hat eure Frau einfach nur Lust auf sexuelle Abwechslung, spannende Flirts und heiße Küsse. Darauf, sich selbst in den Augen des anderen neu zu entdecken, mit einem Mann intim zu werden, der aber für ihr Leben und eine gemeinsame Zukunft nie etwas taugen würde. Auf ein bisschen Spaß am Zwischenmenschlichen und an der befreienden und regenerierenden Wirkung, die ein Seitensprung für einige nun mal mit sich bringt.

Während für die einen eine tiefe Intimität, vertraute Gespräche, Zuneigung und das »gemeinsam Genießen« eine hohe Priorität haben, entsteht bei anderen eine gewisse Lust, wenn sie wieder mehr Distanz zu ihrem Partner herstellen, sich einen erotischen Freiraum zugestehen und sich ihre Autonomie bewahren.

In Bezug auf monogame Langzeitbeziehungen gibt es zwei Haupttendenzen: die von Esther Perel, die einen Widerspruch im Kern moderner Beziehung und den gegensätzlichen Einfluss von Vertrautem und Neuem, von Beständigem und Geheimnisvollem sieht. Ihrer Überzeugung nach gehen die Sicherheit, Stabilität und Geborgenheit der Liebe auf Kosten der Leidenschaft, die Abenteuer, Gefahr und Neues braucht. Liebe ist »Haben«, Verlangen ist »Wollen«, und wir können nicht wollen, was wir bereits haben – so Perel.

John Gottmann dagegen sieht das Problem nicht im Fehlen von Distanz und Mysterium, sondern im Fehlen von tieferer Intimität.[15, 16]

Ein Großteil der Frauen sind so viel geschickter, so gut im Planen und Verschleiern – ich gehe sogar so weit zu behaupten, dass meistens eine Frau dahintersteckt, wenn die Affäre des Mannes mit allen schmerzlichen Details und im Anfangsstadium ans Tageslicht kommt.

Wenn eine Frau fremdgeht und sie das aus reinem Vergnügen oder auf der Suche nach Bestätigung macht, hat das rein gar nichts mit ihrem Mann als Person zu tun, sondern einfach nur damit, dass ihr ab und zu mal nach einem anderen Geschmack ist. Sie wird genau wissen, was sie an euch hat, euch so lieben, dass ihr nicht mal einen Tag daran zweifeln oder etwas davon merken werdet.

Frauen wählen ihren Liebhaber häufig auch viel geschickter aus. Es passiert sehr selten einfach mal eben, weil sich die Gelegenheit dazu ergeben hat, auch wenn sie euch das erzählen würde, sollte es rauskommen. Sie wird in den seltensten Fällen einen Mann aussuchen, der in ihrem alltäglichen Umfeld eine Rolle spielt, und im Zweifelsfall wird sie mit niemandem darüber reden, der einfach nur ein Kumpel ist. Niemand wird davon erfahren, schon gar nicht ihr Arbeitskollege, weil wir Frauen genau wissen, wie sehr ein Seitensprung an eurem Stolz und eurem empfindlichen Ego kratzt.

Der rein körperliche, sexuelle Verrat ist für euch Männer viel schlimmer als für uns. Für uns dagegen ist der emotionale Verrat der schlimmere. Auch das hat evolutionsbiologische Gründe und hängt damit zusammen, dass wir das Überleben unserer Kinder sichern wollen. Frauen, denen ihr fremdgegangen seid, werden deshalb meistens zuerst die Frage stellen: »Liebst du sie?«

Ein weiterer wichtiger Grund für den Seitensprung einer Frau ist die Vergeltung. Sie geht ihrem Mann fremd, weil ihr Mann fremdgegangen ist. Ich will nicht sagen, dass diese Form des Fremdgehens die sinnvollste und befriedigendste ist, aber es gibt sie.

Frauen erkennen und stellen sich den Fremdgeh-Signalen, denn sie sehen sie. Und die meisten Betrogenen, mit denen ich über den Seitensprung ihres Partners gesprochen habe, sagten diesen einen Satz: »Ich habe irgendwie gespürt, dass etwas nicht stimmt.« Denn Frauen bemerken die Zeichen, auch wenn sie noch so klein sind, und haben sehr feine Antennen. Wir sind sehr empfänglich für die kleinsten Veränderungen eures Verhaltens, unsere Intuition trügt uns nur selten. (Manchmal sehen wir natürlich auch etwas, wo es gar nichts zu sehen gibt. Aber dann hilft es, einfach darüber zu reden. Es gibt keine dummen Fragen!)

Wenn die Frau weiß, dass ihr Mann ihr fremdgeht, und sich absolut nichts rührt, ist der Grund dafür meistens der, dass sie ganz banal Angst um euer gemeinsames Leben hat: um die Familienidylle, das Haus, das Auto und die Urlaube, auf die sie nicht verzichten will. Oder sie liebt euch schlicht und einfach so sehr, dass sie euch nicht verlieren will, und gibt euch noch eine Chance.

Wenn Fremdgehen nichts für uns ist, reicht manchmal schon die Bedrohung durch einen Dritten vollkommen aus, um wieder Schwung ins Liebesleben zu bringen.

»FRAGE: Was ist das Geheimnis einer dauerhaften Beziehung? ANTWORT: Untreue. Und zwar nicht als körperlicher Akt, sondern als ständige Bedrohung.«[17]

Und deshalb kann für uns der Kontakt zu einem anderen Mann – oder zumindest die Fantasie – erfrischend sein. Aber noch viel erfrischender ist es für einige von uns, wenn ihr mit einer anderen Frau liebäugelt. Ja, auch wenn es Frauen gibt, die jetzt *Nein* sagen und mit dem Kopf schütteln werden – die es (noch) nicht verstehen und die schäumen und ausrasten, wenn der Partner auch nur mit anderen Frauen redet: Die Diskussion und der Versöhnungssex, der darauf folgt, hat es meistens in sich, und dafür gibt es eine Erklärung.

Die moderne Beziehung lebt nach einem neuen Ideal: dem freien Willen. Sie ist eine Verbindung, die wir aus Liebe eingehen. Und dieser Entschluss impliziert, dass wir auf andere verzichten. Aber nur weil wir eine Wahl getroffen haben, bedeutet das nicht, dass es die anderen Männer und Frauen da draußen nicht mehr gibt und sie mit unseren Sinnen nicht mehr wahrgenommen werden können. Die Aufmerksamkeit einer dritten Person tut uns gut und zieht uns weg vom eigenen Partner, weshalb wir paradoxerweise wieder mehr Lust auf ihn haben. In solchen Momenten merken wir, dass wir keinen Anspruch auf euch haben. Die Illusion, mit der wir leben, dass wir euch ganz für uns alleine haben, schwindet. Wir wissen, ihr schaut euch nach anderen um. Aber wir wissen nicht, was die andere in euch sieht, und das ist aufregend, das ist mysteriös, sexy und neu – und es beunruhigt uns. Wir bemerken, auch wenn es im Herzen zieht und wir uns hilflos fühlen, dass wir euch nie ganz kennen, nie all eure Geheimnisse erfahren werden, dass es Seiten an euch gibt, die uns verborgen bleiben. Wir müssen einsehen, dass es uns nie möglich sein wird, euch ganz zu ergründen, und diese Erkenntnis kann dazu führen, dass wir euch dauerhaft begehren. Wir wollen euch auf einmal wieder mehr.

Die Bedrohung durch eine dritte Person kann also dazu führen, dass Leidenschaft und Verlangen wieder neu in der Partnerschaft aufflammen. Was wir verlieren könnten, wirkt plötzlich wieder anziehend auf uns.

Einige von uns praktizieren das bewusst oder unterbewusst. Und je selbstbewusster wir werden, desto riskanter wird das Spiel und desto aufregender wird das eigene Liebesleben, auch wenn das manchmal bedeutet, dass wir Rückschläge einstecken müssen. Das erfordert Disziplin und Kraft, am Ende kann sich die harte Arbeit jedoch lohnen.

So gewinnt der Mann SIE nach einem bedeutungslosen Seitensprung wieder zurück

Wenn der eigene Mann sich in eine andere verliebt, wollen die meisten Frauen wissen, mit was sie es zu tun haben. Es ist anmaßend, dass Männer davon ausgehen, wir würden lieber mit einem Mann zusammenbleiben, der nicht mehr zu hundert Prozent zu uns steht, als ihn zu verlieren. Wie oft wird die eigene Angst davor, reinen Wein einzuschenken, hinter vorgeschobenen moralischen Gründen versteckt: Die Frau oder Freundin sei doch glücklich, und ihr fehle es an nichts. Ihr geht davon aus, dass sie lieber mit euch zusammen wäre, als sich einen Neuen zu suchen, der vielleicht fairer und ehrlicher ist. Kein Mann auf dieser Welt ist so toll, dass wir lieber eine Lüge mit ihm als eine Wahrheit mit einem anderen leben wollen. Es tut zwar weh, hinnehmen zu müssen, dass der Mann oder Freund einen nicht mehr liebt, aber den meisten ist das immer noch lieber, als in dem Glauben gelassen zu werden, dass es noch so ist.

Handelt es sich allerdings um einen einmaligen und bedeutungslosen Seitensprung, also »nur um Sex«, ist es heuchlerisch von uns zu behaupten, wir würden es unbedingt wissen wollen. Das sagen wir nur, weil wir ahnen, wie viel bei diesem Thema verheimlicht und gelogen wird. Wir wollen sauer sein und brauchen einen Grund dafür. Dass der Mann unehrlich war, ist dann das naheliegende Ventil, um unsere Verletztheit auszudrücken.

Aber mal ehrlich: Auch wenn ihr zwei Stunden danach geständig wärt, würden wir uns nicht denken: *Na ja, er hat sein Ding zwar in eine andere Frau gesteckt, aber wenigstens ist er ehrlich. So ein toller Typ! Ach, komm, Schwamm drüber!* Wenn ihr geständig seid, werden wir einen anderen Grund finden – »Wie konntest du nur, jetzt, wo ich schwanger bin?!«, »Ausgerechnet mit IHR?!«, »Ausgerechnet in Simons Wohnung?!« –, weil Fremdgehen unser Selbstbewusstsein, unsere Identität und unser Vertrauen erschüttert und wir uns bis auf die Knochen gedemütigt fühlen.

Wenn ihr also mit eurer Partnerin abgesprochen habt, wo bei euch Fremdgehen anfängt, und ihr diese Regel gebrochen habt, dann könnt ihr euch bei der Rückeroberung eurer Frau schon mal auf sehr viele Gespräche einstellen und eure Reden schon mal niederschreiben und auswendig lernen. Denn in dieser Phase ist nun mal hauptsächlich derjenige für die Schadensbehebung verantwortlich, der betrogen hat.

1. Entschuldigt euch aufrichtig.

So gesteht ihr euren Fehler vor ihr ein. Beim Fremdgehen erwischt zu werden ist natürlich sehr unangenehm, für die Partnerin aber extrem verletzend. Es zieht ihr den Boden unter den Füßen weg – die meisten Frauen fühlen sich danach innerlich tot. Zeigt Reue. Das ist hart, weil die Reue für die Betrogene nie genug ist. Es mildert aber ihren Rachedurst ein wenig ab und besänftigt sie bei der Auswahl der Methoden, die sie bei den Mordplänen, die sie für euch schmiedet, anwenden wird.

2. Beantwortet ihre Fragen.

Während ihr am liebsten wollt, dass sie so schnell wie möglich alles vergisst, wird sie von euch einfordern, auf jede noch so kleine Frage eine Antwort zu bekommen. Das braucht sie, um das Leben zu rekonstruieren, in dem ihr beide in unterschiedlichen Wirklichkeiten gelebt habt. Sie hat Lücken in ihrem Leben, und sie wird wohl die Aufrichtigkeit der Beziehung infrage stellen. Deswegen will sie wissen, wie es war, wo ihr wart, wo es passiert ist, warum es passiert ist. Antwortet darauf – oder noch besser: Kommt ihr zuvor. Wenn ihr zusammen irgendwo seid und ihr merkt, dass sie irgendwie nachdenklich wird, fragt sie, was sie beschäftigt.

3. Haltet es aus.

Es wird nervenaufreibend. Betrogene switchen oft zwischen »Ich liebe dich« und »Ich hasse dich«, zwischen »Ich will dich« und »Ich kann dir nie wieder vergeben«. Diese Wutausbrüche können unkontrollierbar sein und willkürlich erscheinen. In einem Moment war noch alles okay, und auf einmal überkommen sie Flashbacks, in denen es darum geht, wie sehr ihr Vertrauen missbraucht wurde, und sie zerschlägt alles wie Godzilla. Das ist normal und gehört zu den größten Herausforderungen.

4. Vermeidet Vorwürfe.

Erklärt höchstens, was euch dazu gebracht hat fremdzugehen. Ihr seid gerade echt nicht in der Position, irgendwelche Vorwürfe zu erheben. Ihr wurdet erwischt, ihr habt Scheiße gebaut und eure Frau damit verletzt. Steht euren Mann, so wie euer Penis stand, als ihr ihn in eine Fremde gesteckt habt.

5. Versucht ihr nicht zu erklären, warum Fremdgehen gut für die Beziehung ist.

Ich habe selbst mitbekommen, dass Männer ihre Frauen betrogen haben, obwohl sie sie liebten und mit ihnen zusammenbleiben wollten. Die Männer liebten ihre Frauen über alles, nur lief es eben im Bett nicht überragend, und deshalb suchten sie sich ein Ventil, um letztendlich abends wieder zurück zu ihrer Frau gehen zu können. Das wird sie nicht verstehen. Vollkommen verständlich, lasst es.

6. Heilen braucht Zeit. Gebt sie ihr.

Sie wird nicht morgen alles vergessen und verzeihen, wenn sie überhaupt jemals vergessen wird. Frauen haben ein gutes Gedächtnis.

7. **Bestätigt sie immer wieder. Sagt ihr, wie wichtig sie für euch und euer Leben ist.**

Dass ihr euren Seitensprung bereut, genügt nicht, um ihr Selbstwertgefühl wieder zu reparieren. Sie muss euch glauben können, dass SIE diejenige ist, für die ihr euch entschieden habt.

8. **Redet über die Zukunft der Beziehung.**

Wie soll es für euch weitergehen? Was sind eure Ziele, und was soll sich ändern? Wie kann man eventuell Regelungen ändern, Kompromisse finden oder die Beziehung, auf welche Weise auch immer, öffnen? Welche Fantasien könnt ihr gemeinsam ausleben?

9. **Lasst das mit dem Fremdgehen, oder lasst euch nie wieder dabei erwischen!**

Bitte, tut euch selbst und ihr den Gefallen! Das Erwischen und Erwischt-Werden ist so unangenehm, das braucht man nicht zweimal im Leben.

Ihr werdet schnell merken, ob eure Partnerin wirklich die Muße und Kraft aufbringt, euch den Seitensprung zu verzeihen.

Findet heraus, ob eure Frau es jemals schaffen wird oder ob sie das Ganze innerlich zerfrisst. Vielleicht verwandelt sie eure Beziehung auch durch extremen Kontrollzwang, Eifersucht, immer wiederkehrende Panikattacken und Wutausbrüche, in denen sie euch euren Fehler vorwirft, in eine

Hölle auf Erden? (Das wäre schließlich auch völlig verständlich, oder?!) Dann beendet die Beziehung so würdevoll wie möglich.

Auch wenn ihr feststellen solltet, dass eure Beziehung eigentlich tot ist und ihr nur wegen eures schlechten Gewissens oder der Kinder an der Beziehung festhaltet: Gebt sie frei für einen anderen Mann. Gebt sie frei für einen *besseren* Mann (oder »geschickteren«, der sich beim Fremdgehen nicht erwischen lässt). Gesteht euch eure Niederlage ein, und passt beim nächsten Mal, wenn ihr es denn nicht lassen könnt, einfach besser auf.

Daran merken wir, dass IHR eine Affäre habt

1. Aussehen

Ihr nehmt ab, frischt eure Garderobe auf, achtet plötzlich penibel auf eure Körperpflege und euren Haarschnitt. Ihr fragt uns ungewöhnlich oft, ob das, was ihr tragt, gut aussieht. Ihr rennt sofort ins Bad und geht duschen, wenn ihr nach Hause kommt, oder trainiert extrem oft im Fitnessstudio.

2. Verhalten

Jede kleinste Veränderung eurer Routine fällt auf. Das fängt damit an, dass ihr plötzlich Türen abschließt, geht weiter mit eurem »zufällig« neu aufgeflammten Interesse fürs Kochen und endet bei der Aneignung von Wissen auf einem neuen Gebiet. All eure Elektrogeräte sind plötzlich mit einem Passwort gesichert.

3. Sex

Die Häufigkeit verändert sich. Der Sex ist anders, Nuancen wirken verfeinert. Das Vorspiel dauert länger, oder eine bestimmte Vorliebe kommt zum Vorschein, die so noch nicht da war.

4. Nervosität

Das Handy klingelt um halb eins in der Nacht, eine WhatsApp ploppt auf, ein unbekannter Name fällt beiläufig, jemand betritt den Raum, und plötzlich versteift sich der Körper, die Stimmung ist angespannt und droht zu kippen. Ihr fummelt fahrig an eurem Telefon herum, und das Display wird verdeckt.

5. Alleingang

Die Treffen mit euren Kumpels häufen sich. Auch spontane Dienstreisen kommen vor, die sich länger als sonst hinziehen. Über die genauen Abläufe und Termine gibt es wenig bis gar keine Ansagen. Zu Veranstaltungen, Treffen, Partys und Geburtstagen geht ihr lieber alleine und kommt spät oder gar nicht nach Hause.

6. Kommunikation

Ihr kritisiert eure Partnerin immer häufiger, beschwört auch in unlogischen Situationen Streit herauf (um einen Grund zu haben, zu IHR zu flüchten). Zum Telefonieren geht ihr plötzlich raus, während ihr eurer Frau oder Freundin vermehrt Textnachrichten schickt, statt anzurufen. Am Telefon flüstert ihr, brecht Gespräche ab, verschwindet mit eurem Handy auf die Toilette.

7. Freunde

Wie aus heiterem Himmel habt ihr neue Freunde, die eure Partnerin nicht kennenlernen wird. Einige der alten Kumpels und Freunde meiden den Augenkontakt zu eurer Partnerin, fühlen sich sichtlich unwohl.

8. »Ach, sie ist nur eine Freundin«

Ihr beteuert immer wieder, dass sie »nur eine Freundin« ist, stellt aber gleichzeitig eure »Freundschaft« über unsere Bedürfnisse und die eigene Beziehung. Die Verabredungen mit dieser Freundin häufen sich, obwohl wir euch mitteilen, wie sehr uns das beunruhigt. Es fallen Sätze wie: »Du musst dir wegen ihr keine Sorgen machen. Sie hat gesagt, wir sind total das süße Paar. Sie mag dich.«

Daran merkt ihr, dass SIE eine Affäre hat

1. Aussehen

Wir machen eine Diät, ziehen häufiger das an, was ihr so sexy an uns findet, und laufen damit im Haus hin und her, damit ihr euch fragen könnt, für wen wir uns so schön machen, bevor wir ausgehen. Wir kümmern uns deutlich intensiver um unsere Haare, Nägel, Haut und Rasur, gehen wieder regelmäßig ins Fitnessstudio und tragen öfter hohe Schuhe.

2. Verhalten

Wir interessieren uns plötzlich für Automarken und Sportarten, mit denen ihr selbst nichts am Hut habt. Wir schwelgen vermehrt in Tagträumen, geben uns unabhängiger, leichter und selbstbewusster. Wir vernachlässigen den Haushalt. Wir tragen Kondome in unserer Tasche mit.

3. Sex

Die Initiative geht nur noch selten bis gar nicht mehr von uns aus. Das Interesse am Sex wird weniger. Während des Aktes sind wir häufig geistig abwesend. Unsere Wünsche und Ansprüche verändern sich, genauso wie die ein oder andere Technik, weil wir etwas Neues dazugelernt haben.

4. Nonchalance

Wir können neben euch seine Nachrichten beantworten, mit ihm telefonieren und ein Treffen ausmachen, ohne dass ihr es merken werdet. Wir werden unser Handy weiterhin offen liegen lassen, wenn nicht sogar unachtsamer damit umgehen. Auf Fragen werden wir wie aus der Pistole geschossen eine Antwort parat haben.

5. Freiheitsdrang

Die Treffen und Übernachtungspartys mit unseren Mädels häufen sich, und wir werden öfter auswärts schlafen wollen. Vermeintlich ohne Hintergedanken werden wir euch dazu ermutigen, doch mal ein Männerwochenende oder einen Urlaub mit den Kumpels zu planen, um dann anzukündigen, selbst eine kleine Reisen zu unternehmen oder plötzlich auch geschäftlich verreisen zu müssen. Aussagen, Termine und Abläufe sind genauestens ausgeklügelt und geplant.

6. Liebesentzug

Wir werden euch unsere Aufmerksamkeit und Liebe entziehen, Intimität auf ein Minimum runterschrauben. Gespräche bleiben uninteressiert und oberflächlich, es fällt uns schwer, euren Erzählungen zu folgen und bei der Sache zu bleiben, wir wirken abwesend. Wir haben keine Erwartungen mehr an euch.

7. Freunde

Wir werden Freunde von früher wieder zurück in unser Leben holen und Geschichten aus der verstaubten Kiste hervorkramen, um unser Alibi zu untermauern und eine perfekte abendfüllende Story zu konstruieren. Wir werden euch die Nummern unserer Freundinnen geben, damit ihr sie anrufen könnt, solltet ihr uns nicht glauben. Diese sind alle selbstverständlich eingeweiht.

8. »Ach, er ist nur ein Freund«

Wir beteuern euch immer wieder, dass er »nur ein Freund« ist, stellen aber gleichzeitig unsere »Freundschaft« über eure Bedürfnisse und die eigene Beziehung. Die Verabredungen mit diesem Freund häufen sich, obwohl ihr uns mitteilt, wie sehr euch das beunruhigt. Wir telefonieren und schreiben häufiger als sonst mit diesem Freund, lachen über Insider am Telefon, grinsen und lachen beim Schreiben mit ihm. Es fallen Sätze wie: »Du musst dir über ihn keine Sorgen machen. Er hat gesagt, wir sind total das süße Paar. Er mag dich.«

• Nörgelt sie zu stark, bist du zu schwach

Wie oft hören wir Frauen von Männern, wir würden zu viel nörgeln, nur diskutieren und sie verändern wollen? Ja, Frauen tendieren dazu, sich mit Worten auszudrücken, während Männer gerne Taten sprechen lassen. Der Unterschied ist: Während wir versuchen, uns eurer Sprache anzupassen, tut ihr das nicht. Dabei wäre es doch genauso schön, wenn ihr verstehen würdet, was es damit auf sich hat, wenn Frauen verbal darauf pochen und bitten und flehen, dass die Dinge wieder in Ordnung kommen. Anstatt das als »Nörgeln der Alten« abzutun und sich dagegen zu sperren, könntet ihr auch einfach versuchen zu verstehen, was die Frau euch vermitteln möchte.

Ich beobachte immer wieder, wie Frauen monatelang versuchen, ihrem Mann klarzumachen, dass sich etwas ändern muss. Sie erklären, was sie brauchen und was passieren müsste, damit die Dinge wieder in Ordnung kommen. Diese Frauen erklären und bitten, weil sie sich den Mann zurückwünschen, in den sie sich einmal verliebt haben. Sie wird immer wieder darauf hinweisen, bis sie es leid ist und nicht mehr kann. Und irgendwann wird sie beschließen zu gehen.

Oft rühren sich Männer erst dann. Plötzlich geben sie alles in ihrer Macht Stehende, um die Dinge in Ordnung zu bringen, doch dann ist es zu spät. Wenn die Frau beschlossen hat zu gehen, ist der Zug abgefahren. Sie sieht euch schon längst nicht mehr durch die rosarote Brille, die Liebe ist tot, ihr spielt keine Rolle mehr in ihrem Leben.

Notgedrungen erkennen Männer plötzlich die Ernsthaftigkeit der Situation. Doch sie werden rumgehen und erzählen, dass die Frau diejenige war, die zu schnell aufgegeben hat, obwohl sie doch so viel getan haben, um die Beziehung zu retten. Dabei hat sie monatelang erklärt, was sie sich wünscht, was sich verändert hat und was sie braucht, um wieder glücklich zu sein. Aber ihr Flehen wurde als Nörgeln abgetan. Sie wurde gedemütigt und weggestoßen, als es eigentlich angebracht gewesen wäre, sie ernst zu nehmen. Ein »Was ist los, Schatz? Was liegt dir auf dem Herzen?«, ein »Danke, dass du mir geholfen hast« oder ein »Ich habe gesehen, dass du das für mich getan hast, obwohl du keine Lust darauf hattest. Ich weiß das zu schätzen« kann manchmal Wunder wirken …

Es geht uns Frauen nicht darum, wie eine Prinzessin bedient und auf Händen getragen zu werden, es geht uns nicht um Diamant-Colliers oder hundert Rosen. Denkt einfach mal daran, wie ihr eure Frau behandelt habt, *bevor* ihr sie für euch gewinnen konntet, und vergleicht es mit heute, wo ihr sie und alles, was sie für euch macht, als selbstverständlich anseht.

Wir wollen wissen, ob die Liebe und Wertschätzung noch da ist, und dafür braucht es keine große Geste. Es sind mehr die Kleinigkeiten, über die wir uns freuen, wenn wir sehen, dass ihr an uns denkt, dass ihr aufmerksam seid. Es geht darum, wie wir uns einmal in eurer Gegenwart gefühlt haben.

Alleine wenn ihr anbietet, euch um das Abendessen zu kümmern, kann das schon ein Zeichen der Liebe sein, wenn es mit dem Motiv passiert, die Last aufzuteilen. Zuhören kann für uns Frauen schon ein Zeichen eurer Liebe sein, weil ihr uns damit zeigt, dass ihr wirklich wissen wollt, welche Gedanken wir uns machen und was in unserem Kopf vorgeht. Sich bedanken.

Wir wollen kein fantastisches Disney-Märchen. Wir wollen es nur so haben, wie es einmal war.

Spielt uns das Lied von eurer Ex

Es gibt Frauen, die werden euch zuliebe mit eurer Verflossenen an einem Tisch sitzen und euren Geburtstag feiern. Sie werden die andere freundlich anlächeln und höflich fragen, ob sie noch ein bisschen Tsatsiki zu den Kartoffeln möchte, und sogar über ihre Witze lachen, wenn ihr von Anfang an erklärt habt, dass ihr »halt noch gute Freunde« seid. Viele von uns werden auch damit fertig, wenn ihr euch mit ihr alleine trefft, um zu kochen oder ihr dabei zu helfen, das E-Bike ins Auto zu heben – obwohl sie eigentlich einen Freund hat, der das für sie erledigen könnte. Und einige von uns lachen auch einen Insider weg, den nur ihr beide versteht.

Ja, wir geben uns wirklich die größte Mühe. Und doch können viele von uns einfach nie aufhören, daran zu denken, dass diese Frau, in deren Gesicht wir gerade schauen, euren Schwanz im Mund hatte. Dass sie genau weiß, wie ihr schmeckt, wie ihr küsst, wie ihr in Momenten der innigsten Hingabe ausseht. Dass ihr zusammen tauchen wart, sie mit euren Eltern Kaffee und Kuchen gegessen hat oder dass sie angeleckt hat, woran wir am späten Abend noch lecken werden.

Es mag euch vielleicht absurd vorkommen, und ihr denkt euch vermutlich: *Na und? Jetzt leckst du doch dran.* Aber es geht um die Konkretisierung: Manche von uns wollen nicht so genau wissen, wer da vorher an euch geleckt hat.

Manche wollen einfach nichts mit eurer Ex zu tun haben. Nicht weil wir unsicher sind, was auch nicht schlimm wäre, sondern weil wir es einfach nicht mögen.

Wir haben in diesem Moment plötzlich ein Gesicht vor uns, das wir eurer Vergangenheit zuordnen können. Und natürlich fragen wir uns, ob eure Trennung wirklich so einvernehmlich war oder wie ihr es ausgerechnet mit ihr ernst meinen konntet und warum ihr sie euren Eltern vorgestellt habt.

Irgendwie können wir schon verstehen, dass ihr eurer Ex nicht mehr unbedingt ans Höschen wollt, weil ihr schon mal an ihrem Höschen wart. Aber das bedeutet trotzdem nicht, dass wir Frauen eure Ex gerne um uns oder bei euch haben, und schon gar nicht wollen wir uns mit ihr anfreunden, auch wenn das doch »mal ein netter Abend« war.

Warum sollte eure Partnerin wollen, dass die Ex noch eine Rolle in eurem Leben spielt? Warum sollten wir sie kennenlernen oder treffen oder Zeit mit ihr verbringen wollen? Im besten Fall erzählt ihr einfach nichts über eure Ex-Beziehungen. Die Qualen, die das Ungewisse in uns hinterlässt, sind nur halb so schlimm wie die Antworten, die ihr uns auf die Fragen gebt, die wir euch aus masochistischen Gründen stellen. (Wir stellen sie, weil wir hören wollen, dass wir so viel besser sind als eure Exen und dass ihr nicht verstehen könnt, warum das Leben uns so lange von euch ferngehalten hat. Und weil wir hören wollen, dass ihr noch nie zuvor jemanden so sehr geliebt habt wie uns und dass ihr, hättet ihr uns bloß früher kennengelernt, selbstverständlich allen anderen Frauen den Laufpass gegeben hättet.)

Nennt mich spießig, nennt mich zu naiv, um das zu verstehen, nennt mich zu Polnisch oder zu unerfahren: Ich kann einfach nicht verstehen, wieso man eine Person, die man mal geliebt hat, noch um sich haben möchte. Für mich gibt es nur drei Gründe, weshalb man seinen Ex-Partner noch in seinem Leben hat:

1. Man liebt ihn immer noch.
2. Man hat ihn nie wirklich geliebt.
3. Man hat Kinder zusammen.

Noch weniger kann ich verstehen, warum man seinen neuen Partner dem Ganzen aussetzen möchte.

Eine alte Beziehung bleibt erst einmal immer vertrauter, intimer. Man hat gemeinsame Erinnerungen, sich mit allen Höhen und Tiefen kennengelernt, sich verletzt und erlebt. Und diese Verbundenheit besorgt uns als neue Partnerin, denn der bestehende Kontakt zu eurer Ex signalisiert uns vor allem eins: dass ihr bewusst oder unbewusst nicht dazu bereit seid, eine neue wahrhaftige Bindung mit uns einzugehen. Offenbar seid ihr noch an das Alte gebunden und nicht in der Lage, diese vergangene Partnerschaft auch wirklich abzuschließen. Was, wenn ihr zwar in das Neue mit uns verliebt seid, aber vielleicht noch nicht so recht daran glaubt, je wieder etwas so Wundervolles und Tiefgehendes zu haben wie mit eurer Ex?

Wir können zwar akzeptieren, dass wir nicht die erste Beziehung oder Liebe in eurem Leben sind, aber wir hoffen, eure letzte zu sein. Wenn ihr eure ehemaligen Partnerinnen immer noch mit euch rumschleppt, belastet ihr uns damit unnötig.

Und es geht uns hier wirklich um die Beziehung zu euch, die wir versuchen aufzubauen, und nicht darum, dass wir der anderen Frau ihre Attribute absprechen wollen. Egal wie selbstbewusst wir sind, egal wie viel besser wir aussehen als sie, egal wie überzeugt wir davon sind, dass ihr mit uns eine einzigartige Liebesbeziehung führen könnt, wir werden trotzdem das Gefühl nicht los, dass ihr nicht ganz mit uns in der Gegenwart lebt und die Vergangenheit euch wichtiger ist. Und wir werden auch das Gefühl nicht los, dass es hier eventuell um euer Ego geht.

Timo, der Ex meiner besten Freundin, sammelte um sich eine bunte Auswahl aus allen Frauen zusammen, mit denen er einmal etwas hatte. Er sortierte da wirklich keine einzige Seele aus, weil er genauso unfähig war, innige Beziehungen zu führen, wie darin, Bindungen wieder zu lösen. Dafür genoss er es einfach zu sehr, wenn sie mit ihren hohen Stimmchen seinen Namen riefen und auf ihn zu hopsten, sich ihm zur Begrüßung an den Hals warfen, ihn anschmachteten und ihm bewundernde und manchmal auch lüsterne Blicke zuwarfen. Rückblickend kann ich nicht glauben, wie cool meine Freundin dabei geblieben ist. Wenn hier jemand bewundert werden sollte, dann also sie.

Diese Cheerleader waren für Timo der lebende Beweis dafür, dass er den Frauen immer noch wichtig war und dass sie ihn attraktiv und begehrenswert fanden. Sein Verhalten bewies aber auch, dass man am Ende oft mit leeren Händen dasteht, wenn man das Alte nicht loslassen kann. Er verlor eine wunderbare Frau, weil es für sie letztlich nicht mehr tragbar war. Seine Ex-Freundinnen kamen nie zurück zu ihm, und die Flirts blieben aufgewärmte Flirts. Er blockierte also sein eigenes Leben. Was hätte ihn daran gehindert, mit seiner Vergangenheit abzuschließen?

Was hindert euch daran?

Wie kann man verlieren, was schon verloren ist?

Krista, eine andere Bekannte, bandelte einen Sommer lang mit einem Typen an, der sich buchstäblich die Finger nach einer Frau wie ihr hätte lecken sollen. Sie war eine promovierte, erfolgreiche, begehrte, intelligente und sehr schöne Ärztin – er ein ehemaliger Koch, eher Kategorie schläfriges Kamel, mit einem grimmigen und ein wenig dramatischen, aber ganz schlauen Humor. Sogar ihre Hunde verstanden sich super und spielten verliebt miteinander!

Krista wusste anfangs nicht so genau, wo das mit ihnen beiden hinführen sollte, aber ihr gefiel es irgendwie, und Manuel gefiel es erst recht. Er umgarnte sie, ging liebevoll mit ihr um, kümmerte sich herzerwärmend um sie und bekochte sie, als ginge es um sein Leben. Nach circa zwei Monaten etwa, als beide für einen Sonntag am See verabredet waren und gerade als Krista den Entschluss gefasst hatte, ihn endlich mal ranzulassen und die Beziehung auf eine neue Ebene zu heben, kam Manuel um die Ecke – mit seinem Hund und einer weiteren Person im Schlepptau: mit seiner Ex Dumbo.

Dumbo verbrachte das Wochenende bei Manuel, weil sie Stress mit ihrem neuen Kerl hatte. Sie suchte Trost bei ihrem Ex, brauchte eine starke Schulter zum Ausheulen – und verbrachte deshalb den ganzen Tag mit Krista und Manuel. Krista, ganz tapfer, spielte das Spiel mit. Stilvoll und klug, wie sie ist, hätte sie ihm nie eine Szene gemacht. Stattdessen schaute sie zu, wie Manuel seine Ex mit Melone fütterte, und ließ sich von der stolzen Dumbo erzählen, dass sie mit seiner Mutter unterwegs gewesen waren und abends schick essen gehen wollten.

Natürlich erzählte Dumbo Krista diese Dinge, weil es für Manuel ja auf keinen Fall besser laufen durfte als für sie. Jetzt wo sie die Beziehung zu ihrem Freund beendet hatte, sollte auch Manuel kein Glück in der Liebe haben – und schon gar nicht mit einer Frau wie Krista.

Schon bei der Verabschiedung an diesem Abend stand für Krista fest, dass die Sache mit Manuel gelaufen war, und zwar aus dem einfachen Grund, dass sie – wie so viele andere Frauen auch – keinen Mann wollte, der eine Situation wie diese nicht handhaben kann. Keine Frau möchte einen Mann, der sie nicht vor Verletzungen bewahrt. Keine will einen Mann an ihrer Seite, der seine Frau, um die er sich eigentlich kümmern und die ihm das Wichtigste sein sollte, nicht beschützt, sondern einer Schlange schutzlos ausliefert.

Manuel hat die Frau, die die Hauptrolle in seinem Leben spielen sollte, zur Statistin zurückgestuft. Und wofür?

Sein Verhalten war nicht nur respekt- und würdelos, sondern auch ziemlich dumm. Krista wäre der Fang seines Lebens gewesen. Doch anstatt dass aus beiden eine Liebesgeschichte wurde, die es würdig gewesen wäre, sie niederzuschreiben, kam er auf ihre Top-Ten-Liste der Desaster-Dates.

Herzlichen Glückwunsch!

So werdet ihr eure Ex los – und auch die Trauer darüber, dass die Beziehung zu ihr gescheitert ist

Je größer sich der Widerstand in euch anfühlt, je mehr ihr rebelliert und je mehr ihr die folgenden Punkte belächelt, desto mehr seid ihr vermutlich noch an eure Ex gebunden.

Räumt auf! Macht Platz für die Gegenwart!

1. Löscht ihre Nummer, trefft euch nicht mehr mit eurer Ex, ruft sie nicht mehr an, schreibt ihr nicht mehr. Kein Kontakt!

2. Eliminiert alte Fotos, Briefe und Erinnerungsstücke, die unmittelbar etwas mit eurer alten Liebe zu tun haben. Es gibt nichts, woran es sich festzuhalten lohnt. Nichts davon ist wiederholbar. Packt die Trauer, die Wehmut, die Vergangenheit und die Wut weg.

3. Neuer Anstrich für die Wohnung: Schmeißt den alten Matratzenbezug mit ihren Blutflecken weg, und stellt ein bisschen was in der Wohnung um. Werft die Ohrringe, die sie mal bei euch vergessen hat, weg, auch die Bürste und das Deo.

4. Fragt nicht nach ihr. Und stalkt sie nicht.

Natürlich kommen da ein paar berechtigte Fragen auf:

»Kann sich mit meiner Ex nicht doch eine ganz normale Freundschaft entwickeln?«

Klar, irgendwann. Vorausgesetzt, eure Ex möchte das auch. Denn worüber wir noch nicht gesprochen haben, ist, wie eine Ex sich fühlt, wenn sie noch mit euch befreundet ist, nachdem ihr euch von ihr getrennt habt.

Wenn sie die Verlassene ist und ihr nach der Trennung noch Zeit miteinander verbringt, fühlt sich das für sie natürlich an wie Medizin und für euch nicht so, als wärt ihr der Arsch, der die Beziehung kaltblütig beendet hat. Vielleicht schlaft ihr nicht mehr miteinander, und vielleicht weiß sie auch, dass sie keine Rolle mehr in eurem Alltag spielt. Doch sie spielt eben doch immer noch eine gewisse Rolle, teilt Gedanken, Anekdoten, Begegnungen mit euch – und ihr seid weiterhin der sympathische Schwiegersohn, der sich vielleicht auch noch eine Option freihalten will.

Die Verlassene aber wird sich ständig damit konfrontiert sehen, dass sie eben nur noch irgendeine Freundin ist, nicht mehr eure Nummer eins. Eine Zurückstufung schmerzt. Das kann aufwühlend sein, und viele verlassene Frauen bringt es dazu, Dummheiten zu begehen, wie der neuen Freundin anonyme Nachrichten zu schreiben und damit Unruhe zu stiften. Oder aber sie wird in zufälligen Berührungen, Blickkontakten oder Versprechern eure gemeinsame Vergangenheit aufblitzen sehen und sie fälschlicherweise als vertraute Zeichen deuten, wenn auch unbewusst. Die Hoffnung stirbt bekanntlich zuletzt.

»Kann ich meine Ex meiner neuen Freundin gar nicht vorstellen?«

Doch, klar. Aber erst, wenn eure neue Beziehung gefestigt ist. Euer Lebensmittelpunkt sollte eure neue Partnerin sein.

Unabhängig davon, wie selbstbewusst sie sind, brauchen es viele Frauen, dass ihr euch von eurer alten Beziehung abgrenzt, bis ihr euch etwas Gemeinsames aufgebaut habt. Fragt sie doch einfach, wie sehr sie das stört und ob überhaupt. Es gibt durchaus Frauen, die Ex-Freundinnen komplett ablehnen, aber genauso gibt es welche, die in der Ex keinerlei Gefahr wittern und verstehen, dass manchmal eine Freundschaft übrig bleibt, wenn es in der Beziehung nicht gut geklappt hat.

Natürlich ist das alles anders, wenn man gemeinsame Kinder hat. Dass das Wohl der Kinder in diesem Fall an erster Stelle steht, sollte sich von selbst verstehen. Und ich spreche aus eigener Erfahrung, wenn ich sage, dass es für Kinder wohl nichts gibt, was sie hilfloser zurücklässt, als wenn die Eltern die Eifersucht der neuen Partner vor die Gefühle der Kinder stellen.

Wie ein älterer Mann bei einer jüngeren Frau landet

Laut Statistischem Bundesamt sind hohe Altersunterschiede in Partnerschaften eher die Ausnahme als die Regel. 2019 trennte nur acht Prozent der deutschen Paare ein Altersunterschied von zehn Jahren und mehr. Bei fast fünfzig Prozent lag der Altersunterschied zwischen einem Jahr und drei Jahren. Und bei über siebzig Prozent aller Paare ist der Mann älter als die Frau.

Das Thema Altersunterschied sorgt seit Jahrzehnten für ordentlich Gesprächsstoff: in der Familie, bei den Nachbarn, im Freundeskreis und inzwischen auch in den sozialen Medien.

1943 heiratete Charlie Chaplin seine vierte und letzte Frau Oona O'Neill. Sie war damals zarte achtzehn, er bereits vierundfünfzig Jahre alt. Ich kann nicht gut rechnen, aber das muss man auch nicht können, um schon auf den ersten Blick zu erkennen, dass der Unterschied gewaltig war.

Auch Schauspieler George Clooney und seine Amal trennen siebzehn Jahre, und der sechsundsiebzigjährige Schauspieler Michael Douglas kann sich glücklich schätzen, die über zwanzig Jahre jüngere Oscar-Preisträgerin Catherine Zeta-Jones an seiner Seite zu haben. All das sind Vorbilder, die in der Öffentlichkeit demonstrieren, dass es funktionieren, dass es sogar sehr gut funktionieren kann.

Viele Männer, mit denen ich über die Beweggründe, aus denen sie eine sehr viel jüngere Frau bevorzugen, sprechen konnte, betonen, dass sie sich eine jüngere Freundin wünschen, weil sie sich dazu in der Lage fühlen. Sie behaupten, dass jüngere Frauen ein ganz anderes Energie-Level an den Tag legen würden als ältere, die doch schon sehr eingefahren wirkten. Viele sagen, dass sie es sich noch zutrauen und wünschen, Abenteuer zu erleben, rauszugehen und sich von der Unschuld, Jugend und Begeisterungsfähigkeit einer jungen Partnerin verzaubern zu lassen.

Alles schön und gut. Nur möchte ich an dieser Stelle einmal kurz an alle Männer appellieren, die mit dem Gedanken spielen, sich eine jüngere Frau anzulachen: Werdet euch darüber bewusst, ob euer Energiespeicher tatsächlich noch so voll ist, dass ihr dem Ganzen standhalten könnt – auch im wahrsten Sinne des Wortes. Und: Wollt ihr tatsächlich eine gemeinsame Zukunft planen, oder wollt ihr das nur noch einmal mitnehmen, um euch ein letztes Mal jung zu fühlen? Das ist ein großer und essenzieller Unterschied.

Solltet ihr euch in der zweiten Kategorie einordnen, werden wir uns langweilen und benutzt fühlen, wenn ihr zu müde seid, um etwas mit uns zu unternehmen, oder wenn ihr jeden Abend, an dem wir etwas unternehmen wollen, vor dem Fernseher versackt. Es ist dann nur eine Frage der Zeit, bis wir euch gegen einen vitaleren Mann eintauschen werden. Wir sind nicht das Mittel gegen eure Midlife-Crisis! Denn wir wollen Abenteuer mit euch erleben, Dummheiten begehen, herumalbern und spontane Trips mit euch planen. Wir wollen tanzen!

Denkt ihr über eine ernsthafte Beziehung mit uns nach,

beginne ich gleich mal mit dem Offensichtlichen: Seid euch im Klaren darüber, dass ihr an Weihnachten mit unserer Mutter an einem Tisch sitzen werdet, die vielleicht gerade einmal fünf Jahre älter ist als ihr, und mit unseren Freunden, die vielleicht noch studieren, auf das neue Jahr anstoßen werdet.

Da wären wir auch schon bei der nächsten Sache, die ihr nicht unterschätzen solltet: Eine jüngere Frau ist kein Spielzeug, das ihr unverbindlich einfach so nebenherlaufen lasst und dann abspeist, wenn ihr genug habt. Nehmt sie ernst!

Es gibt Gründe, warum einige Frauen einen älteren Mann bevorzugen. Einer davon ist, dass wir euch unterstellen zu wissen, was ihr wollt. Wenn wir Lust darauf hätten, uns mit einem Luftikus zufriedenzugeben, würden wir uns wohl einen Mann in unserem Alter suchen. Wir nehmen eine Beziehung zu einem älteren Mann, den wir mögen oder lieben, genauso ernst wie ein Verhältnis mit einem Mann in unserem Alter; das macht für uns einfach keinen Unterschied. Im Gegenteil! Oftmals ist es die vermeintliche Beständigkeit, die einen älteren Partner für uns attraktiv macht. Ihr seid ja der Inbegriff der Sicherheit und Stabilität, schließlich habt ihr einen festen Wohnort, eine gefestigte Meinung, einen festen Beruf. Ihr könnt euch alleine versorgen und euer Leben organisieren.

So wie ihr bei einer Jüngeren von den oben genannten Punkten profitiert, profitieren wir auch von euch. Besonders von der Erfahrung, die ihr mitbringt. Bislang wurde ich zum Beispiel das Gefühl nicht los, dass ein Älterer immer sehr viel schneller genau einschätzen konnte, wen er da vor sich hatte, und sich entsprechend besser darauf einlassen und daran anpassen konnte.

Vieles ist mit einem Älteren für uns unbefangener und

leichter, auch wenn die Ansprüche mit dem Alter steigen, was viele Frauen allerdings nicht abschreckt. Schließlich geben wir uns ebenfalls nicht mit jedem und allem zufrieden.

Es ist unglaublich anziehend, wenn der Mann uns neue Dinge zeigen kann und wir von ihm lernen können. Auch im Bett glänzt ein reifer Mann idealerweise durch Qualität anstatt durch Quantität.

Was eine jüngere Frau an einem älteren Mann aber besonders liebt, ist, wie sehr er sie bewundert.

Im Gegensatz zum reifen Mann lässt sich ein junger Mann mit seiner unbeeindruckten Art nicht so schnell von einer Frau aus der Bahn werfen. In der Regel ist er sich der Tatsache bewusst, dass sein ganzes Leben noch vor ihm liegt, und vertraut darauf, dass alle Altersklassen zur rechten Zeit noch kommen werden. Außerdem hat er das »Junge« in der Regel unmittelbar in seiner Umgebung.

Ein Mann aber, der Mitte vierzig ist und den zwanzig Jahre von seiner Angebeteten trennen, wird nicht wissen, ob es die letzte Chance auf eine Fünfundzwanzigjährige ist. Und das spüren wir. Wir spüren, wie ihr eure Jugend in uns wiederfindet, wie ihr euch an unserem spritzigen Lachen erfreut und an unseren erfrischenden Fragen, an unserer Begeisterung. Und ja, wir sehen auch, dass ihr uns manchmal ein bisschen stolz vorführt und es genießt, dass andere Männer nach uns schauen, während ihr unsere Hand haltet.

Viele Männer betonen auch immer wieder den körperlichen Vorteil einer jungen Frau.

Ich persönlich kann dem folgen, verstehe aber nicht, warum der Sex mit einer jüngeren Frau besser sein sollte, wenn eine reifere Frau der jüngeren doch in puncto Sinnlichkeit, Selbstbewusstsein und Skills haushoch überlegen sein sollte.

Vielleicht liegt es aber auch daran, dass ich persönlich reifere Frauen in ihrer Ausstrahlung intensiver und mystischer finde.

Ihr seid also bereit für eine junge Partnerin? Ab jetzt solltet ihr folgende Aussagen aus euren Köpfen eliminieren:

- »In deinem Alter habe ich das auch gedacht.«
- »Komm du erst mal in mein Alter.«
- »Ich bin ein paar Jahre älter als du und weiß, wovon ich rede.«
- »Du bist ja auch blutjung.«
- »Ich habe schon Pferde vor der Apotheke kotzen sehen.«
- »Du könntest meine Tochter sein.«
- »Meine Tochter ist nur fünf Jahre jünger als du.«
- »Deine Mutter sieht ja heiß aus – kein Wunder, bei der Tochter!«
- »Hast du ›Ghostbusters‹ gesehen? Nein? Ach so, stimmt, da warst du ja auch noch flüssig.«
- »Oh, Frischfleisch.«
- »Schön, junges Gemüse.«

Bei diesen Aussagen denken wir an Pflegedienst und Altersheim. Die letzten beiden erinnern uns sogar an den Nachbarn Heinz aus unserer Jugend, der im weißen, fettverschmierten Muskelshirt und mit Fettpolsternacken sowie Haaren auf den Schultern den jungen Frauen hinterhergestiert hat, während seine Frau Monika ihn just in dem Moment ertappte und ihm mit ihren Schlappen eine Nackenschelle verpasste.

Wir rechnen zwar sehr wohl damit, dass der Tag einmal kommen wird, an dem wir euch mit Brei füttern müssen, und wir rechnen auch damit, dass ihr – gezwungenermaßen und wenn alles seinen natürlichen Weg geht – früher sterben werdet als wir, nur wollt ihr uns ja erst mal von euch überzeugen. Und das werdet ihr nicht, indem ihr den Altersunterschied gebetsmühlenartig in den Fokus rückt und uns ständig daran erinnert, dass ihr schon so alt seid. Danke, wir wissen es. Wenn wir schon mit euch flirten und Bereitschaft zeigen, euch unsere Nummer zu geben, dann interessiert uns das, um ehrlich zu sein, wirklich überhaupt nicht. Wir brauchen keine wiederholten Warnungen. Und ihr braucht euch auch nicht jünger zu schummeln. Die Lüge ist ein viel größeres Problem, als es der Altersunterschied jemals wäre. (Auch hier kommt hinzu, dass wir uns nicht ernst genommen fühlen, wenn ihr uns wegen eures Alters belügt.)

Abgesehen davon haben diese Aussagen auch immer ein bisschen etwas Verzweifeltes. Es ist, als würdet ihr danach betteln, dass wir sagen: »Ach, wo denn! Nein! Hör auf, komm schon, Klaus! Tu nicht so! So alt bist du doch gar nicht!« Wir wollen nicht eure Midlife-Crisis lindern, sondern sehen uns mit euch auf Augenhöhe.

Hinzu kommt, dass diese Sätze eine leicht degradierende Note haben. Wir sind uns dessen bewusst, dass ihr mehr Zeit als wir auf Erden verbracht habt – nur heißt das nicht immer, dass ihr auch mehr gesehen und erlebt habt. Ständig zu betonen, wie sehr ihr uns voraus seid, bringt den Fluss eher ins Stocken, als dass er weiterfließt, es hinterlässt einen bitteren und unsympathischen Nachgeschmack.

Dazu passt: Frauen, die mit einem älteren Mann zusammen sind, möchten trotzdem das Gefühl haben, dass ihr noch für Neues offen und aufgeschlossen seid. Es wäre schön, wenn ihr mit uns trotzdem das ein oder andere »Erste Mal« haben könntet. Das können ja auch kleine Dinge sein wie »Ich habe noch nie Kapern mit ins Dressing gemacht« oder »An diesem Ort war ich noch nicht«. Denkt einfach daran, wie verzaubert und besonders ihr euch selbst fühlt, wenn eure Partnerin etwas zum ersten Mal mit euch erlebt. Als würde sie ihren unsichtbaren Fingerabdruck darauf hinterlassen.

Genauso, wie wir uns von euch noch eine körperliche Flexibilität wünschen, wünschen wir uns die auch in eurem Kopf. Denn Besserwisser sind unsexy. Ein Mann, der von seinen Ansichten – und nur von *seinen* Ansichten – vollkommen überzeugt ist, signalisiert uns Stillstand und Sturheit. So einen Mann wird die Frau, selbst wenn sie dreißig Jahre jünger sein sollte, schnell überholen.

Wie sollen wir euch zutrauen, euch mit uns zu entwickeln? Wie sollen wir mit euch streiten? Wie sollen wir uns in die Partnerschaft und in eure Welt einbringen? Wie sollen wir uns in Gegenwart eines so arroganten Mannes mit unserer anderen Weltsicht wohlfühlen? Wie sollen wir neue Ideen vorbringen?

Wir wollen in einem älteren Partner keinen Lehrer und auch keinen Vater wiederfinden, sondern einen offenen Menschen, ein unvollkommenes Geschöpf, das sich zu uns bekennt und bereit ist, unsere eigene Unvollkommenheit liebzugewinnen und mit uns gemeinsam dieselbe Richtung einzuschlagen.

Ein weiteres Thema werdet ihr vermutlich auch ansprechen müssen – die Frage nach dem Kinderwunsch. Ob ihr schon Kinder habt oder nicht: Klärt mit eurer jüngeren Freundin, ob ihr überhaupt welche oder gerne noch mehr Kinder möchtet. Verschwendet ihre wertvolle Zeit nicht mit schwammigen Antworten und Hinhalterei. Auch hier gilt: Gebt der Frau die Chance, sich zu entscheiden, ob sie mit eurer Haltung einverstanden ist. Die Uhr tickt. In diesem Fall irgendwie für euch beide.

Wenn ihr jung seid und Lust auf eine Beziehung mit einer reiferen Frau à la Model Heidi Klum und Tom Kaulitz (sechszehn Jahre Unterschied) oder Präsident Emmanuel Macron und seiner Brigitte (sie ist vierundzwanzig Jahre älter) habt, dann würde ich meinen Charme spielen lassen und Interesse signalisieren. Sie holt euch dann schon, sollte sie eure Avancen ansprechend finden.

Das Alter ist nur eine Zahl und sollte im Idealfall der Liebe nicht im Wege stehen, wenn sich zwei alte Seelen begegnen, von denen eine in einer länger auf dieser Erde lebenden menschlichen Hülle verweilt und, von einem jungen Geist getrieben, ihresgleichen sucht. Ich denke, es kann immer funktionieren, solange man sein Gegenüber nicht täuscht.

Warum es heute noch Frauen gibt, die auf den »Kavalier der alten Schule« stehen

Weil es erfrischend, spannend und überraschend ist – es verändert alles!

Der »Old-School-Mann« hebt sich extrem von der Masse ab und beweist durch seine Manieren sowohl ein besonders ausgeprägtes und außergewöhnliches Feingefühl als auch Stil und Klasse. Ein Kavalier der alten Schule zeigt mithilfe von minimalem Aufwand und maximaler Aufmerksamkeit, dass er die Frau respektiert und ihr behilflich ist. Es ist einfach nur schlau und ein sehr geschickter Move, um sich im Hirn einer Frau besonders positiv einzubrennen. Viele Frauen, auch ich, sind heutzutage sogar im positiven Sinne überfordert damit, wenn der Mann ihr den Mantel abnimmt, den Stuhl zurechtrückt oder sie vor ihm durch die Tür gehen lässt. Dieses überraschte Funkeln in den Augen, wenn wir uns durch diese Aufmerksamkeiten mehr wie eine Dame fühlen, sollte es euch einfach wert sein.

Rückblickend sind es diese kleinen Gesten, die mich besonders gerne an einen bestimmten Mann oder ein bestimmtes Date denken lassen. Es kann sich unbeschreiblich toll anfühlen, so behandelt zu werden, eben weil es so rar geworden ist, eben weil uns keiner mehr anspricht, auch dann nicht, wenn wir euch vorher angelächelt haben. (An alle, die jetzt sagen, sie trauen sich das gar nicht mehr, weil sie sonst angezeigt werden: Nein, jemanden höflich anzusprechen ist keine Belästigung. Ich habe mal aus Jux beim Statistischen Bundesamt und bei der Staatsanwaltschaft Frankfurt [Stand 2021] angefragt, wie viele Anzeigen in den letzten Jahren eingegangen sind, weil ein Mann eine Frau mit »Hi, wie geht's?« angesprochen hat. Die Antwort: Zero. Und das hätte ich euch auch so sagen können, ohne nachfragen zu müssen. Aber wenn ihr Beweise habt – her mit ihnen!)

Wenn ihr nicht so genau wisst, wie ihr eine Frau ansprechen sollt, hier ein paar kleine Tipps: Folgende Situation: Sie steht zum Beispiel neben euch an der Bar und gefällt euch extrem – ein Wesen des Himmels, ein Engel! Anstatt sie mit »Bist du auch öfter hier?« anzusprechen, bittet sie um einen Gefallen. »Kannst du einmal kurz meine Jacke halten? Ich muss kurz schauen, wo mein Kumpel geblieben ist.« Eine weitere Option ist, sie nach ihrer Meinung zu fragen. »Welchen Drink würdest du empfehlen?« – schon könnt ihr mit einem Gespräch anknüpfen.

• Warum Kinder ihre Väter brauchen

Bevor wir zum Thema Sex kommen, würde ich gerne noch einmal kurz darüber sprechen, dass beim ungeschützten Geschlechtsverkehr neues Leben, sprich ein Kind – *euer* Kind – entstehen könnte.

Da man die Kindererziehung nicht auf die leichte Schulter nehmen sollte, ist es besonders wichtig, dass ihr euch darüber klar werdet, ob ihr euch dieser Aufgabe auch wirklich gewachsen fühlt. (Meiner Meinung nach sollten sich Menschen mit Kinderwunsch einem Eignungstest unterziehen, um ihre Tauglichkeit als Eltern überprüfen zu lassen.) Es gibt Frauen und Männer da draußen, die Kinder in die Welt setzen und einfach nicht im Stande sind, sich ordentlich um sie zu kümmern.

Jeder Blödmann mit einem Schwanz kann ein Kind machen, aber es braucht einen echten Mann, um das Kind aufzuziehen.

Furious Styles, »Boyz'n the Hood«

Ein Kind sollte nie Mittel zum Zweck sein. Ein Kind ist nicht dazu da, eure Ehe oder Partnerschaft zu retten. Ein Kind ist auch kein lustiges Experiment und ebenso wenig eine Waffe, die zu Rachezwecken eingesetzt wird. Genauso wenig ist ein Kind ein Spielzeug, das man wieder in den

Schrank stellt, wenn man dessen überdrüssig geworden ist. Ein Kind wird euch nicht retten.

Ein Kind sollte aus Liebe entstehen und umgeben von Liebe aufwachsen, damit es später diese Liebe an seine eigenen Partner und schließlich an die eigenen Kinder weitergeben kann.

Unsere Bindungsfähigkeit entsteht, wenn wir noch zu jung sind, um unsere Ängste zu kommunizieren. Unsere Bindung zu unseren Eltern ist entscheidend für unsere seelische Gesundheit und unsere geistige Reife.

Oft fehlen uns selbst positive Vorbilder, weil wir als Kinder unsere Eltern nicht im zärtlichen Umgang miteinander erleben durften. Ich finde, wir wissen es mittlerweile besser. Es ist an der Zeit, mit unserem inneren Kind in Kontakt zu treten und einmal die Beziehung mit dem kleinen Menschen in uns selbst und das Verhältnis zu unseren Eltern zu klären. Wenn es um unsere Kinder geht, sollten wir aus den Fehlern der anderen lernen, ohne dass wir sie selbst wiederholen.

Jede Tochter und jeder Sohn braucht einen Vater. Vater zu sein heißt, Vorbild zu sein. Erziehung ist nicht nur Frauensache. Wir Frauen haben dafür keine übernatürliche Begabung, die es uns erlaubt, alles immer sofort richtig und viel besser zu machen.

Frauen haben genauso viel Angst vor dem Muttersein wie ihr vor dem Vatersein. Auch unser Leben, wie wir es vorher kannten, ändert sich mit diesem kleinen Geschöpf, das durch uns auf diese Welt kommt, von jetzt auf gleich – und oftmals noch sehr viel tiefgreifender als das der Männer. Auch an uns wird dadurch plötzlich die Forderung gestellt, erwachsen werden zu müssen. Auch für uns ist alles neu. Von Wochenbettdepressionen, die jede Frau treffen können, ganz zu schweigen.

Ich habe mit vielen Vätern gesprochen. Diejenigen, die von der Mutter und ihren Kindern getrennt leben, tragen ständig das quälende Gefühl mit sich herum, dass sie nicht jeden Tag mit ihrem Kind zusammen sein können.

Bei vielen dieser Männer habe ich aber zugleich mit enttäuschten Söhnen gesprochen. Viele von ihnen haben in irgendeiner Weise ihren Vater verloren, sei es durch die Scheidung der Eltern, neue Frauen, eine räumliche Trennung, durch Streit oder auch durch den Tod. Dabei spielte es überhaupt nie eine Rolle, in welchem Alter diese Männer waren.

Alleine in meinem Freundeskreis gibt es absurd viele Männer, die ohne Vater aufgewachsen sind oder irgendwann den Kontakt zu ihm abgebrochen haben. In allen von ihnen sitzen der Schmerz und die Verbitterung tief, wie ein Stachel mit Widerhaken. Und eines haben all die Männer, die ohne Vater aufwachsen mussten, gemeinsam: einen fast karikativen Männlichkeitswahn, den sie nicht müde werden, zur Schau zu stellen. Frauen, die selbst ohne Vater großgeworden sind, haben wiederum schnell gelernt, sich selbst ein Vater zu sein, und schützen sich durch einen Panzer aus Kraft, Selbstständigkeit und vermeidlicher Unverwundbarkeit.

Wenn Frauen mit einem abwesenden Vater aufgewachsen sind oder aus einem gestörten Elternhaus stammen, in dem ihren emotionalen Bedürfnissen nicht entsprochen wurde, suchen sie sich später Partner, die diesem Muster entsprechen. Sie haben dann so große Angst davor, verlassen zu werden, dass sie alles tun würden, um zu verhindern, dass eine Beziehung auseinanderbricht. Sie sind abhängig von Männern und seelischem Schmerz, nehmen jegliche Schuld auf sich, verspüren das Bedürfnis, ihren Partner und ihre Beziehung zu kontrollieren. Vor allem aber ist der Grad ihrer Selbstachtung lächerlich niedrig. Kurz: Diese Frauen lieben zu sehr und sind süchtig danach, gebraucht zu werden. Auch wenn sie zuverlässig und erfolgreich sind, auch wenn sie ihr Leben im Griff haben – ihr Selbstwertgefühl ist niedrig. Und solange sie nicht dahinterkommen, woran das liegt, werden sie den Grad der Liebe zu einem anderen Menschen daran bemessen, wie sehr sie bereit sind, die damit verbundenen Qualen und Schmerzen auszuhalten. Was sie anzieht, schadet ihnen häufig, weil es eine Wiederholung dessen ist, womit sie aufgewachsen sind. Viele verbringen ihr Leben damit, ihre Wunden der Kindheit immer wieder aufzureißen, damit sie endlich den Ausgang ändern können.

Während sich die fehlende Vaterfigur bei Frauen darin äußert, dass sie zu sehr lieben, tendieren Männer eher dazu, zu viel zu arbeiten. Ihnen allen fehlt durch die Abwesenheit ihres Vaters die väterliche Zuwendung und Liebe. Besonders der Sohn orientiert sich dann an anderen Vorbildern und eignet sich deren Verhalten an. Das können die Jungs aus der Clique sein, aber auch Charaktere aus den Medien, die Klischees entsprechen, die mit der Realität nichts zu tun haben.

Durch die Abwesenheit des eigenen Vaters nimmt er außerdem, ob bewusst oder unbewusst, eine entscheidende Message auf: Die Vaterschaft ist eine Last. Und dieses Verständnis der ungewollten Vaterschaft wird besonders auf die Söhne übertragen und – ähnlich wie eine Tradition – von Generation zu Generation weitergereicht. Erst die Zuwendung und Liebe des eigenen Vaters lässt den Wunsch entstehen, selbst einmal Vater zu werden.

Viele der Kinderlosen von euch habe ich sagen hören – beim Vorglühen, auf Feiern oder bei Champagner auf Empfängen und Bällen –, wie sehr ihnen ein Kind doch den Spaß vermiesen und sie nur einschränken würde. Andere habe ich darüber lamentieren hören, dass sie keine Lust darauf hätten, den Versorger für die ganze Familie zu spielen. Die Verantwortung sei ihnen zu groß.

Wieder andere Männer werden von Schuldgefühlen gequält. Sie selbst haben als Kind oder Jugendlicher ihren Eltern das Leben zur Hölle gemacht und glauben nun, durchdrehen zu müssen, wenn ihr Kind so werden würde, wie sie selbst es gewesen sind. Viele Junggesellen lassen hier und dort durchklingen, dass sie selbst zu verkorkst seien, um einem Kind wirklich ein guter Papa sein zu können. Sie wollen nicht werden wie der eigene Vater.

Doch jeder von uns ist eine eigenständige Person, niemand ist wie sein Vater oder seine Mutter. Ihr könnt es anders und besser machen!

Mein Lieblingsfotograf, mit dem ich auf der Arbeit immer am meisten Spaß hatte und mit dem ich mich sehr gut verstehe, hat mir mal bei einem ruhigen Frühstück, bevor wir zu einem Termin aufbrechen mussten, etwas gesagt, was für mich eine Art Durchbruch war.

Seine Frau hatte gerade das zweite Kind zur Welt gebracht, und wir haben uns über einen Typen unterhalten, den ich gerade kennengelernt hatte. Ich war mir unsicher, was ihn betraf, weil er sich nicht in der Lage fühlte, mit mir Pläne zu machen.

Irgendwann, nachdem der Fotograf mir und meinen Zweifeln mit einer Engelsgeduld gelauscht hatte, fühlte ich mich schlecht, weil er bestimmt viel Spannenderes zu erzählen hatte, so als frischgebackener Vater. Also machte ich eine Pause und schaute ihn an.

Da sagte er zu mir: »Weißt du, Jessi, jeder hat seinen eigenen Rhythmus. Die einen sind früher, die anderen später bereit. Ich kann nur sagen: Wenn ich in die Augen meiner Tochter schaue und ihr Lachen sehe, wenn ich meinen Sohn in den Armen halte und ihn betrachte, dann vergesse ich, wie anstrengend es ist. Meine Sorgen sind wie weggeblasen, weil plötzlich alles einen Sinn ergibt. Ich kann das nur jedem empfehlen. Und ich wünschte, dass das jeder Mann einmal erleben kann, um zu verstehen, was ich meine. Ich mache zwar nicht alles richtig oder perfekt, aber das ist auch nicht wichtig. Es ist ein Prozess, ich lerne jeden Tag neu dazu, und zwar alles, was ich brauche, um für sie da zu sein. Ich fühle mich jetzt als richtig entfalteter Mann. Ich brauche nichts mehr als das. Nur das ist wichtig. Erst jetzt habe ich alles verstanden.«

Es gab nichts Schöneres und Ehrlicheres, was ich jemals von ihm gehört habe. Wir aßen weiter schweigend und grinsend unsere Brötchen, mit diesem wohligen Gefühl zu wissen, dass es ihm sehr gut ging und er im Leben genau da war, wo er gerade sein wollte.

Ich muss oft an diesen Moment denken, weil ich das Gefühl hatte, plötzlich selbst alles verstanden zu haben: dass das Großziehen von Kindern eine zentrale Erfahrung des Lebens ist, eine Quelle der Selbsterkenntnis und des Stolzes, der Lebendigkeit und der Freude. Gemeinsam Eltern zu sein ist die stärkste Verbundenheit zwischen Mann und Frau, das Vatersein der reichste Ausdruck der Männlichkeit (übrigens auch einer der Gründe, warum Männer, die mit Kindern gut können, so lächerlich anziehend auf Frauen wirken).

Auch wenn das Kinderkriegen nicht für jeden die absolute Erleuchtung ist, und das muss es auch gar nicht sein, reicht es doch vielen Kindern, wenn beide Elternteile für sie da sind.

Und ich denke, wenn ihr die Vaterschaft mehr als heilende Kraft ansehen würdet, könnte schon in der nächsten Generation die Welt ein bisschen besser werden.

Bevor aber diese wunderbar erleuchtende Erfahrung der Elternschaft gemacht werden kann, muss es erst einmal ans Eingemachte gehen. Sprich, das Runde muss ins Eckige – oder in diesem Fall: das Lange in das Runde, der Zug in den Tunnel … Egal. Lasst uns einfach über Sex reden.

So bringt ihr jede Frau garantiert zum Kommen

Gar nicht. Einfach gar nicht.

Es gibt keine Orgasmus-Garantie für die Frau. Nicht mal für euch Männer, wenn ihr ehrlich seid.

Es gibt auch keine Punkte, die ihr einfach nur betätigen müsst, um uns zum Kommen zu bringen. Der Gynäkologe Ernst Gräfenberg, der als Erster über den G-Punkt schrieb, beschreibt ihn als »erogene Zone in der vorderen Vaginalwand, entlang der Harnröhre, die bei sexueller Stimulation anschwillt«.[18] Und jetzt?

Der Orgasmus wird auch nicht aus dem Nichts durch einen Sprachbefehl ausgelöst. Also dieses »Komm! Komm für mich!« und diesen ganzen Quatsch, den ihr euch mal in irgendeiner schlechten Hollywoodproduktion abgeguckt habt und uns während des Aktes zuruft, könnt ihr euch sparen. Es gleicht in etwa dem flehenden Ausruf »Tiefer! Tiefer!«, den Frauen sich aus einem mittelmäßigen Softporno abgeschaut haben, als sie das erste Mal mit dem Thema Sex konfrontiert wurden. Durch unser Flehen wachsen euch ja auch nicht mehr Zentimeter. Was passiert also mit euch, wenn wir so was rufen? Richtig, ihr werdet unsicher. Und uns geht es da nicht viel besser.

Diese Befehle machen latent aggressiv, bringen uns raus und setzen uns vor allem so sehr unter Druck, dass wirklich gar nichts mehr geht. Lasst den Mist, wenn wir euch nicht darum bitten oder es kein Teil eines abgesprochenen Spiels ist. Lasst es, wenn ihr nicht merkt, dass wir ohnehin schon fast da sind und es uns dann im letzten Moment anspornt.

Gleiches gilt für »Sweet Talk«. Ein gehauchtes »Ich will es dir besorgen« entfacht bei den einen von uns ein Feuer, während bei anderen dadurch die Kerze ausgeht. Am besten danach oder davor einfach mal kurz fragen, ob das etwas ist, was wir gut finden oder nicht. »Du magst Dirty Talk? Super, ich auch!« Es gibt nämlich wirklich wenig, was bei uns Frauen sexuell mehr anrichten kann als Worte. Erregung entsteht bei uns im Gehirn. Und wir wollen uns währenddessen einfach nicht die ganze Zeit fragen: *Wann hält er endlich die Klappe?*, oder das Bedürfnis verspüren, euch den Mund zuzuhalten.

Die Wahrheit beim Thema Sex ist, dass ihr alle belogen werdet. Ständig. Von euren Freunden, von euren Frauen, von der Porno- und Sexindustrie, von Prostituierten, ja, ihr belügt euch sogar selbst.

Ich habe vorhin auch gelogen, als ich mich beim Thema »Warum Frauen fremdgehen« nicht getraut habe zu schreiben, dass einer der Gründe, warum sie euch hintergeht, sein könnte, dass ihr sie nicht richtig befriedigt. Ich habe das verschwiegen, um eure Gefühle nicht zu verletzen und euch nicht unter Druck zu setzen. Frauen wissen, wie empfindlich euer Ego ist – besonders wenn es um Sex geht.

Es gibt wenige Themen, über die so gerne und so oft gesprochen wird wie über Sex. Frauen sind genauso daran interessiert wie Männer, nur dass sie sich eben Unterschiedliches davon erhoffen.

Jeder denkt, dass alle mehr Sex haben als man selbst.

Wenn Männer sich über ihr Sexleben unterhalten, sind diese Erzählungen nicht selten recht ausschweifend und fantasievoll ausgeschmückt: Der Sex hat ultralang gedauert, die Frau ist total auf ihre Kosten gekommen und total krass auf euch abgefahren. Dann ist sie heftig gekommen – und zwar mehrfach –, und ihr habt die verrücktesten Stellungen ausprobiert. Klar, was sonst?

Ihr kennt das ganze Prozedere, das Auf-die-Schulter-Klopfen und Auf-die-eigene-Brust-Trommeln. Und auch das Gefühl, das sich bei euch danach einstellt. Dieses unschöne, kleine, nagende Gefühl, dass das Sexleben der anderen etwas aufregender sein könnte als das eigene. Die Urangst vor dem sexuellen Versagen frisst sich durch das Ego. Denn ihr kennt ja die Wahrheit, ihr wisst, was in eurem Schlafzimmer wirklich abgeht.

Euer Liebesleben ist bestimmt auch gut, keine Frage. Nur scheint der Sex eben durch die protzigen Erzählungen der anderen nicht so ausdauernd, nicht so explosiv, nicht so einfallsreich und vielleicht auch nicht ganz so sportlich zu sein. Doch das ist völlig normal und in Ordnung. Auch die anderen legen bei ihren Schilderungen immer eine Schippe drauf.

Laut einer Durex-Umfrage dauert der Sex in deutschen Betten im Durchschnitt dreiundzwanzig Minuten und dreiundfünfzig Sekunden. Und ich glaube, dass sogar diese Zahl ein wenig aufgerundet wurde. Siebenundvierzig Prozent, also knapp die Hälfte aller Deutschen, soll nicht zufrieden mit ihrem Liebesleben sein. (Stand: Februar 2016, befragt wurden 1001 Frauen und Männer ab 18.)[19]

Würdet ihr euren Freundinnen bei ihren Sex-Gesprächen lauschen, würdet ihr euch wundern, dass wir Frauen wohl ähnlich oft darüber reden, allerdings sehr viel bescheidener in unserer Bewertung der Liebesnacht sind. Und noch viel mehr würdet ihr euch darüber wundern, wie oft Frauen den Sex mit euch als »gut« oder sogar »unfassbar gut« einstufen – und das, obwohl sie keinen Orgasmus hatten.

Und ihr wärt noch viel erstaunter, wenn ihr eine Vorstellung davon hättet, wie oft Frauen ihren Höhepunkt vortäuschen. Und solange Männer nicht damit aufhören, den Orgasmus einer Frau als ultimative Krönung, als Auszeichnung ihres Könnens, als Trophäe ihrer Fertigkeiten, als den einzig denkbaren Abschluss und Bestätigung ihrer Männlichkeit zu sehen, wird sich daran auch nichts ändern.

Es ist egal, wie sie kommt

Es gibt Frauen, die kommen nur in bestimmten Stellungen. Es gibt Frauen, die kommen nur, wenn sie es sich selbst machen. Manche kommen nur, wenn ihr gleichzeitig an den Brustwarzen saugt oder leichter Druck auf den Anus ausgeübt wird. Es gibt Frauen, die kommen nur dadurch, dass man ihre Füße massiert und an den Zehen saugt. Es gibt einige, die hatten mit Anfang vierzig ihren ersten Orgasmus beim Sex mit einem Mann. Auf jeden Fall gibt es mindestens eine Frau auf dieser Welt, die gekommen ist, während sie auf dem Crosstrainer stand und ein sexy Lied gehört hat, bei dem sie sich vorgestellt hat, wie sie sich vor einem Mann auszieht und es danach mit ihm treibt. Es gibt Frauen, die einen Orgasmus nur dann bekommen, wenn es stockdunkel im Raum ist. Und solche, die nur kommen können, wenn sie es im Bett machen und entspannt auf dem Rücken liegen. Und es gibt Frauen, die noch nie in ihrem ganzen Leben einen Orgasmus hatten – oder nicht wissen, ob sie jemals einen hatten.

Und das alles ist völlig normal!

Jede Frau ist anders, und jeder Orgasmus ist anders. Jedes Mal ist anders. Es bringt auch nichts, der Partnerin vorzuwerfen, dass sich zuvor noch nie eine beschwert hätte. Was der einen gefällt, fühlt sich für eine andere an, als würdet ihr ein Auto untersuchen und nicht ihren Körper erkunden.

Ein Orgasmus kann bei derselben Frau mal intensiv

und mal schwach empfunden werden. Der Orgasmus ist für Frauen nicht der Gipfel der Lust, den es sportlich zu erklimmen gilt. Manchmal gibt es Situationen, in denen wollen Frauen nicht einmal kommen. Manchmal täuschen wir auch vor, um es einfach schneller zu beenden, weil wir längst genug haben. Und manchmal arbeiten wir gar nicht so sehr darauf hin, weil wir spüren, dass es ewig dauern und dann nervig werden würde. Oder wir genießen es einfach nur, weil es auch so schön ist.

Das ist wirklich nicht nur eine tröstende Floskel! Es kann tatsächlich sehr befriedigend, verbindend und erfüllend sein, euch einfach nur in uns zu spüren, ohne auf etwas hinzuarbeiten.

Und nein, ihr werdet garantiert nicht merken, ob wir kommen oder nicht, egal wie erfahren ihr seid.

In einer Studie wurden Frauen nach dem Masturbieren in einem Labor gebeten, ihren Orgasmus auf einer Skala von eins bis fünf zu bewerten. Das Ergebnis war eindeutig: Es gibt keinen Zusammenhang zwischen der Bewertung der Orgasmen und den genitalen Reaktionen, wie zum Beispiel Anzahl der Kontraktionen der Beckenbodenmuskulatur.[20]

Ihr habt gedacht, die Kontraktionen seien ein Indiz dafür, dass wir »auf jeden Fall« einen Orgasmus hatten? Falsch gedacht. Auch diese Muskelkontraktionen können von uns vorgetäuscht werden.

• Ein Orgasmus ist ein Orgasmus ist ein Orgasmus

Erregung und Orgasmus entstehen bei einer Frau im Gehirn.

Der Orgasmus kommt in verschiedenen Formen, Längen und Intensitäten vor. Beim Sex gibt es Bewegungen, die sind für euch, und es gibt Bewegungen, die sind für uns. Auch das ist völlig normal. Es gibt kein »besser« oder »schlechter«, eben nur intensivere, andere, flachere oder besonders prickelnde Höhepunkte.

Orgasmen fühlen sich auch anders an, je nachdem, womit oder durch wen sie herbeigeführt werden. Wenn Frauen es sich selbst machen, fühlt sich der Orgasmus anders an als mit einem Partner, auch wenn dieser dieselben Berührungen und Bewegungen mit seiner Hand nachahmen würde. Er fühlt sich auch anders an, wenn es uns durch das Stimulieren der Klitoris oder durch Penetration oder durch beides überkommt. Sogar unser Zyklus spielt eine Rolle – je nachdem, an welchem Punkt wir uns gerade befinden, können Orgasmen intensiver empfunden werden.

All das hat nichts damit zu tun, dass ihr im Bett nicht »der Bringer« seid, denn ob eine Frau durch die reine Penetration zum Höhepunkt kommen kann, liegt nicht nur an der Technik, die ihr anwendet, sondern auch an den anatomischen Voraussetzungen. Der Abstand zwischen Klitoris und Harnröhreneingang ist entscheidend dafür, wie zuverlässig eine Frau beim Sex kommen kann.[21] Weniger als ein Drittel der Frauen gehört zu denen, die zuverlässig bei der Penetration zum Höhepunkt kommen, ohne dass sie mithelfen müssen. Die restlichen zwei Drittel haben dabei manchmal, selten oder aber nie einen Orgasmus. Bei der Masturbation können Frauen genauso schnell kommen wie ein Mann.

Und wieder möchte ich an dieser Stelle erwähnen, dass der Orgasmus zwar ein wunderbares Topping, ein Bonus, die Aktions-Curly Frie und die Extra-Keksstücke im Eis, aber keinesfalls nötig ist, um den Sex mit euch als explosiv, sinnlich, leidenschaftlich oder besonders geil zu erleben.

Und lasst uns noch einmal kurz über den Kitzler sprechen. Die Klitoris ist unser Kontrollzentrum, dort passiert die Magie. Achtzig bis neunzig Prozent der Frauen penetrieren bei der Masturbation kaum oder gar nicht.[22] Die Klitoris ist so einzigartig wie die Stimme und hat nur eine Funktion: Uns Frauen sexuelles Vergnügen zu bereiten. Zum Fortpflanzen haben wir andere Organe. Im Vergleich zu eurer Eichel hat die Klitoris fast doppelt so viele, nämlich achttausend Nervenenden.[23] Vergesst sie nicht, küsst sie, streichelt sie, leckt sie, schiebt sie hin und her, massiert sie, klopft auf ihr herum, nur bitte vergesst sie nicht. Fragt uns, wie viel Druck wir brauchen, was wir am liebsten haben, wie es sich am besten anfühlt. Ich sag es noch einmal: Vergesst sie nicht!

Was in Filmen suggeriert wird, ist nicht die Realität. Es reicht nicht, zwei Minuten rumzumachen und ihn reinzustecken, damit die Frau explosive Orgasmen erlebt. Vergesst den Kitzler nicht!

Und lasst es uns währenddessen selbst machen. Wir machen es uns ständig selbst, obwohl wir mit euch zusammen sind. Masturbation ist der Schlüssel dafür, unseren Körper kennenzulernen und unsere sexuelle Leidenschaft zu entfachen. Wenn einer weiß, wie er es uns besorgen kann, auch wenn ihr in uns seid, dann sind wir das!

Der sichtbare, äußere Teil unserer Klitoris ist übrigens so etwas wie ein Mikropenis. Das lässt sich auch gut am Klitorismantel oder der -vorhaut erkennen, unter der das Köpfchen herausschaut wie die Eichel bei einem Penis. Was ihr und wir sehen, ist nur die »Spitze des Eisbergs«. Auch der unsichtbare, innere Teil schwillt an, wenn wir erregt sind.

Die »Naht« an eurem Hoden ist die Stelle, die sich geteilt und zu den Schamlippen geworden wäre, wärt ihr eine Frau geworden. Ich finde das faszinierend und wichtig zu wissen, dass wir alle aus dem Gleichen gemacht sind.[24]

• Was Pornos mit unserem Hirn anrichten

Es ist schockierend, wenn wir uns einmal bewusst machen, wie früh junge Frauen und Männer heutzutage mit pornografischem Material, auch ganz unfreiwillig, in Berührung kommen. Sie sitzen am PC, und irgendwo ploppt ein Fenster auf: nackte Haut, Penisse, Werbung für Penispumpen, Viagra, Videocalls, die Frage »Wen willst du ficken?« mit einer Auswahl an Körpern – totale Reizüberflutung für einen Heranwachsenden, der eigentlich noch bei den kleinsten Andeutungen von Zärtlichkeit erregt wird. Ich will mir gar nicht vorstellen, was es mit jungen Menschen macht, wenn sie ihren ersten sexuellen Kontakt durch einen Porno haben und wirklich meinen, dass das wohl so sein muss, wenn Mann und Frau miteinander schlafen … oder halt fi***.

Mein Bruder ist zwölf und hat seine ersten pornografischen Filmchen bereits geschaut. Er war zwar fasziniert davon, dass er die äußeren und inneren Schamlippen so genau sehen konnte, fand es aber auch irgendwie eklig, dass die »sich überall ablecken. An den Brüsten und da unten und am Po und überall«.

Trotzdem war ich natürlich kurz perplex, wenn ich daran denke, wie sanft mein Einstieg damals war. Ich habe meinen ersten Porno mit sechzehn geschaut und musste dafür einen horrenden Aufwand betreiben. Zuvor hatte ich mich bereits mit den Filmchen, die nachts auf Vox liefen, auseinandergesetzt, doch das waren noch softe, beinah liebevolle und leidenschaftliche Filme, in denen sich berührt und geküsst wurde. Da ging es noch nicht darum, die Frau als allzeit bereites Wesen zu zeigen, dessen Körperöffnungen eigens und allein für die Befriedigung der Männer ausgelegt sind, die sie demütigen und gewaltsam rumschubsen.

Allgemein hat es sich die Pornoindustrie zur Aufgabe gemacht, immer willige Sexmaschinen darzustellen. Die meisten Pornos sind von Männern für Männer aus ihrem Blickwinkel gemacht. Eine Nahaufnahme der Körpermitte folgt auf die andere, und mit der Realität hat das so gar nichts zu tun. Es gibt ein Skript. Wenn Jungs denken, dass das »Hämmern«, »Weghauen«, »Würgen« etc. etwas damit zu tun hat, wie man im echten Leben miteinander schläft, und junge Frauen meinen, Männern ihre Lust zeigen zu müssen, indem sie vor Geilheit ihre Münder aufreißen und schreien, alles mit sich machen lassen und sofort kommen, wenn der Mann ihn nur reinsteckt und ein paarmal zustößt, wird die heranwachsende Generation ein großes Problem haben.

Bei den meisten Erwachsenen gehört der Konsum von Sexfilmen zum Leben dazu, bei manchen sogar zum Alltag. Ja, auch Frauen schauen Pornos. Zur Selbstbefriedigung, wenn wir zu faul sind, um uns selbst Szenarien auszudenken, oder um abzuschalten. Manchmal auch, um etwas zu sehen oder sich an etwas aufzugeilen, was wir im realen Leben zu anstrengend oder abwegig finden würden. Pornos können aber auch für Paare inspirierend und erregend sein. Zum Problem wird der regelmäßige Pornokonsum dann, wenn man nur noch durch Pornos auf Touren kommt und nicht mehr, wenn ein Mensch vor einem ist. Dann sollte vielleicht auch einmal über ein Porno-Detox nachgedacht und sich in Abstinenz geübt werden. Der immer verfügbare virtuelle Reiz kann den Akt im wahren Leben nämlich taub und stumpf werden lassen.

Noch nie war es so einfach, Pornos zu schauen, wie heute. Etwa die Hälfte aller Zugriffe auf pornografische Filme erfolgt über das Smartphone.[25] So ersparen wir uns den Gang in den Sexshop, in die Videothek (okay, ich bin alt) oder das Durchsuchen der Schlafzimmerschränke der Eltern. Befriedigung auf Abruf. Unter den hundert am häufigsten abgerufenen Websites 2022 in Deutschland sind sieben Pornoseiten.[26]

Doch über die Auswirkungen, die unser Konsum hat, spricht kaum einer. Dabei zeigen Studien einen Zusammenhang zwischen der Anzahl an Stunden, in denen pornografisches Material konsumiert wird, und der Größe der grauen Substanz im Gehirn. Je länger sich Probanden mit Pornos beschäftigten, desto kleiner wurde diese Substanz, auch Schweifkern (Nucleus caudatus) genannt. Dieser Teil des Hirns spielt beim Erkennen und Einschätzen von Belohnungen und bei der Steuerung unserer Aufmerksamkeit eine wichtige Rolle. Zu viele Pornos lassen also sozusagen unser Hirn schrumpfen.[27]

Auch Erektionsstörungen bei Männern ab zwanzig sind bei regelmäßigem Konsum keine Seltenheit. Zudem gab es Untersuchungen, in denen ein erhöhter Pornokonsum mit einer niedrigeren Beziehungsqualität in Verbindung gebracht werden konnte, und auch ein Anstieg der Scheidungsrate war eine der Folgen.[28] Zudem wiesen Männer mit einem hohen Porno-Konsum von im Schnitt vier Stunden pro Woche ein höheres Risiko für Online- und Sexsucht auf, sie tranken mehr Alkohol und waren öfter depressiv.[29]

Der Wert der Zärtlichkeit

Es ist schade, dass es nur relativ wenige Männer zu geben scheint, die Wert auf Zärtlichkeit legen. Häufig wird sie eher als etwas angesehen, was nur wir Frauen bittend einfordern. Viele Männer begreifen gar nicht, wie schön es sein kann, Zärtlichkeit zu geben und zu nehmen. Dabei wollen die meisten Männer, die es einmal kennengelernt haben, gar nicht mehr auf ein ausgiebiges Vor- und Nachspiel verzichten.

Ich denke, dass es für beide Partner von Vorteil wäre, wenn mehr Frauen die gewünschte Zärtlichkeit selbstverständlich einfordern könnten, ohne dass dies als anhänglich oder nervig empfunden würde. Die Verteilung der Orgasmen wäre dadurch wesentlich ausgewogener, und sogar ein gemeinsamer Höhepunkt wäre dann kein unerreichbares Ideal mehr.

Mit der Erschlaffung des Penis müssen nicht die Gefühle des Mannes abschlaffen. Je mehr ihr bereit seid, eure eigenen Emotionen und Sehnsüchte zuzulassen, desto mehr werdet auch ihr euch hingeben können und desto besser wird der Sex für beide.

Auch wenn es schwer ist, das Schema zu durchbrechen. Denn zu oft wird uns vorgegaukelt, dass erfüllter Sex die Folge von harter Arbeit und Leistung ist. Man lässt uns glauben, alles sei eine Frage der genauen Planung und der Entschlossenheit. Eine Frau müsse ihre Wünsche klar kommunizieren und einfordern, damit der Mann eine genaue Anleitung zum Erfolg hat. Technologien wie Paarpornos, Viagra, Bücher und Spielzeuge versprechen dabei nicht nur eine Hilfe, sondern das Erleben von neuen, ekstatischen Höhepunkten. Es steht nicht das Gefühl, sondern das Funktionieren im Vordergrund. Doch technische Gesetzmäßigkeiten lassen sich nicht auf Menschen anwenden, ein allseits gültiges »Know-how« besitzt niemand.

• Auf die Größe kommt es an

Ja, es tut mir leid, euch das eröffnen zu müssen, und so abgehalftert das, was ihr gleich lesen werdet, auch klingen mag: Aber es kommt auf die Größe an – auf die innere Größe! Eure Penisgröße ist euch selbst viel wichtiger als uns Frauen.

Gleiches gilt übrigens auch für eure Körpergröße. Nicht umsonst gibt es Phänomene wie den »Napoleon-Komplex«. Besonders klein gewachsenen Männern wird eine ganz besonders pedantische, aggressive und eifersüchtige Art nachgesagt. Oft haben sie den Drang, der Welt – und vor allem sich selbst – zu beweisen, dass sie größer sind, als es ihre Körpergröße vermuten lässt. Solche Männer betonen besonders gerne, wie viel sie verdienen und wie erfolgreich sie bei den Frauen sind. Sie stellen ihre teuren Uhren und Autos zur Schau, sind immer ein bisschen drüber – eigentlich in allem, was sie machen –, um das Defizit, das ihnen zur vermeintlichen »Idealgröße« fehlt, zu kompensieren.

Ähnliches gilt auch für Männer mit einem kleinen Penis.

Lola, eine Freundin von mir, hatte mal etwas mit einem Schauspieler. Nach ein paar Dates fuhren sie zu ihm, beide heiß, beide willig. Sie fielen übereinander her wie Wilde, die Lust aufgestaut und bereit sich zu entladen. Sie wirbelten die Treppe hoch ins Schlafzimmer, sie rissen sich die Kleider vom Leib, sie standen nackt voreinander … und Lola stockte der Atem, als sie sah, dass er nicht gerade gesegnet war.

Das war für sie nur im ersten Moment überraschend, weil sie nicht damit gerechnet hatte. Aber er war ultraheiß und konnte gut küssen, also ging sie vor ihm auf die Knie. Auch er war ein fantastischer Lecker, doch als er sich auf sie legte, spürte sie nicht viel. Das wiederum schien auch er zu spüren, denn plötzlich hielt er inne.

»Weißt du, eine Frau muss richtig eng sein, sonst macht das keinen Spaß. Sonst ist das so, als würde ich eine Gurke in eine Turnhalle werfen«, meinte er aufgebracht und in einem abgehalfterten Ton.

Fassungslos saß Lola da und dachte sich: *Deine Gurke ist das Problem. Du bist das Problem.*

Natürlich sagte sie nichts dazu, überrumpelt und erschüttert, wie sie war. Doch sie realisierte sehr wohl, wie viel falsche Männlichkeit, wie viel Verunsicherung und wie viel Überheblichkeit in dieser Aussage steckten. Sie erkannte, dass er sich wohl angewöhnt hatte, seinen Komplex mit einem künstlich erzeugten Testosteronüberschuss zu kompensieren. Offenbar hatte er wegen seines kleinen Penis Komplexe, die zu einer völligen Störung der Selbstwahrnehmung und somit zur Selbstüberschätzung geführt hatten. Aber aus welchen Gründen auch immer, so hat er sich nun mal verhalten.

Wie cool wäre es stattdessen gewesen, das Defizit zu reflektieren und lässig beim Namen zu nennen? Wie groß wäre es von ihm gewesen, nichts und niemanden zu seinen Gunsten abzuwerten? Wie sexy wäre es gewesen und wie neugierig hätte er auf sich gemacht, wenn er sich nicht auf seine eigene Größe reduziert, sondern von sich und seinen Fähigkeiten überzeugt gewesen wäre? Denn seine Fertigkeiten mit der Zunge und auch seine Technik waren wohl tatsächlich überdurchschnittlich.

Es ist im Grunde wirklich egal, wie groß, lang oder dick euer Penis ist, solange ihr damit umgehen könnt. Ich habe Horrorstorys von Frauen gehört, die danach sagten: »Was bringt mir ein großer Zauberstab, wenn er keine Magie auslösen kann?!«, während andere von einem kleineren Penis nicht genug kriegen konnten.

Jeder ist normal.

Und wenn man sich Analsex wünscht, ist es ein großer Vorteil, einen kleineren Penis zu haben.

Denn sie wissen nicht, was sie tun

Besonders wenn es um das Thema One-Night-Stand geht, scheinen ganz viele Männer nicht wirklich nachzudenken, und das merken wir. Aber auch bei übertriebenen »Dirty Talk«-Vorlieben oder schlechten Küssern fragen wir uns oft, woher das kommt.

Niki, eine Bekannte von mir, die als Escort arbeitet, erzählt mir manchmal Storys, die völlig absurd erscheinen. Seit über fünf Jahren kümmert sie sich um reiche, ältere Herren, die bereit sind, sehr viel Geld für ihre Gesellschaft und auch körperliche Nähe zu zahlen. Doch nur selten ist einer dabei, der wirklich etwas draufhat.

»Jessi, ich verstehe es nicht. Ich meine, diese Männer küssen und ficken ihr Leben lang schon so, sie haben Ex-Frauen oder sind verheiratet, einige haben sogar Kinder gezeugt. Warum hat denen noch nie in ihrem Leben eine Frau gesagt, dass sie es einfach nicht können?«

Einer von ihnen, ein Multimillionär, konnte währenddessen einfach den Mund nicht halten. Er befahl ihr ständig, wie sie sich zu legen und was sie zu machen hatte. Sie sollte ihn »abschlecken« und »aussaugen«, »ihren Saft auf seinem Knie verteilen« oder »mehr Saft geben«, wenn er es befahl. Dabei zog er das Vorspiel künstlich in die Länge, denn sobald er ihn versenkte, stieß er fünfmal zu und kam.

Ein etwa fünfundsechzig Jahre alter erfolgreicher Regisseur küsste sie nicht mit seinen Lippen, sondern dachte, er würde sie küssen, indem er seinen Mund auf ihren legt und einfach nur seine Zunge in ihren Mund schiebt. Er zog sie heraus und schob sie rein, raus, rein …

»Ich kann nicht glauben, dass da wirklich noch nie jemand was gesagt hat«, meinte sie immer wieder.

Vielleicht liegt es daran, dass sich keine Frau traut, einem reichen Mann zu sagen, dass er etwas nicht kann. Vielleicht fällt es Frauen aber auch einfach allgemein schwer, einem Mann zu sagen, wenn er etwas in der Kiste so gar nicht gut macht. Es ist, als würde man seinem Kind sagen müssen, dass es die Gitarre lieber verbrennen sollte, weil es einfach überhaupt nicht musikalisch ist. Das macht man ja auch nicht.

Ich habe es versucht, also mich getraut, einem Mann zu sagen, dass ich es nicht gut finde, wie er küsst, und dass ich lieber so geküsst werden möchte, dass ich seine Lippen und nicht nur seine Zunge dabei spüre. Was soll ich sagen? Anstatt ein Spiel daraus zu machen und mit einem frechen »Dann üben wir das jetzt so lange, bis ich es kann« anzufangen, ignorierte er es einfach und machte genau so weiter wie bisher. Wir »küssten« uns also nicht mehr allzu lange.

Beim Thema Analsex wird es dann bedenklich, wenn die Wissenslücke mithilfe von pornografischem Material aufgefüllt wird.

Schließmuskel sind nicht alle gleich elastisch. Während man bei einem Menschen mit etwas mehr Druck einfach so reinrutscht, bedarf es bei anderen sehr, sehr viel Vorbereitung und Geduld. Alles, was ihr zu diesem Thema in Pornos seht, ist gestellt und inszeniert. Das Spülen, das Weiten, das leichte Betäuben mit Gels und Sprays wird nicht mit der Kamera festgehalten.

Analsex passiert auf Kosten von Spontanität. Es ist wichtig, den Sex durch die Hintertür vorher abzusprechen, ein ausgiebiges Vorspiel vereinfacht die Aufnahmefähigkeit, gespült und entleert erleichtert ihre Gedanken. Frauen haben einfach viel zu viel Angst davor, dass etwas Farbe an eurem Pinsel haften bleiben könnte, deshalb ist Vorbereitung für uns so wichtig. Auch psychisch. Einfach reinstecken kann unglaublich schmerzhaft sein, in etwa zu vergleichen mit der Explosion des Anus oder als würde man versuchen, eine Melone herauszupressen.

Analsex sollte Spaß für beide bedeuten, dafür wollen wir Frauen uns nicht den Arsch aufreißen. Eine entspannte Atmosphäre hilft – das Gefühl, schamlos geliebt und begehrt zu werden, auch. Langsames Vortasten, Zungenspiele, Zeitlosigkeit, all das macht es für uns leichter, euch unsere Hintertür zu öffnen.

Schwierig wird es auch beim Thema »Erst hinten, dann vorne reinstecken«. Nur bei dem bloßen Gedanken daran versteift sich bei den meisten Frauen der ganze Körper, denn: Das geht rein theoretisch, doch danach ist eine heftige Blasenentzündung vorprogrammiert. Das Gefühl, dass der Urinstrahl an einem Angelhaken befestigt ist und dieser in unserem Unterleib nach dem letzten Tropfen nach unten zieht, ist einfach unerträglich. Ganz zu schweigen von dem Antibiotikum, das wir im schlimmsten Fall einnehmen müssen, worauf in vielen Fällen wiederum ein Vaginalpilz folgt. Also mit einmal »erst vorne, dann hinten reinstecken« können wir schon mal anderthalb Wochen beschäftigt sein.

Jetzt scheint der Gedanke plötzlich doch nicht mehr ganz so sexy, oder? Ich wollte es euch nicht vermiesen, aber lasst uns bei der Realität bleiben – und beim Thema Sexpraktiken.

• Orientierungshilfen beim Fingern und Lecken

1. Packt die Pistole weg. Fangt langsam an, baut es auf. Uns mit zwei Fingern zu überfallen und schnelle, hektische Rein-Raus-Bewegungen zu machen bringt uns eher dazu, Mordfantasien zu entwickeln, als dem Himmel näher zu kommen. Außerdem könnt ihr uns damit verletzen.

2. Eure Finger sind kein Penis. Beim Fingern geht es auch nicht darum, ihn zu simulieren, im Gegenteil. Macht all das mit euren Fingern, was ein Penis nicht könnte: Tüftelt den G-Punkt aus, spielt währenddessen mit eurem Daumen an der Klitoris herum, stimuliert uns, indem ihre eure Handfläche dagegen drückt, und nehmt hier und da vielleicht mal einen Finger dazu.

3. Bleibt im Rhythmus konstant.

4. Augenkontakt. Schaut uns dabei an. Weil es heiß ist und weil ihr so sehen könnt, ob alles okay ist.

5. Hygiene. Wascht euch davor die Hände, säubert und kürzt eure Fingernägel. Erst Chili schneiden

und dann unsere Höhle erkunden, ist wirklich mies. Unser PH-Wert da unten ist fragil. Sobald er ein wenig aus dem Gleichgewicht gerät, haben wir mit einer bakteriellen Vaginose oder anderen Dingen zu kämpfen – sehr unangenehm!

6. Benutzt euren Mund. Die Kombination aus euren Fingern und eurer Zunge ist für viele Frauen göttlich! Probiert es aus.

7. Zungenwelle statt Tornado. Auch beim Lecken hilft ein konstanter Rhythmus. Ständig zwischen verschiedenen Techniken zu wechseln bringt meist wenig. Am besten checkt ihr zwischendurch mit einem »So?«, ob es ihr auch gefällt.

8. Genießt es, sabbert dabei, als würdet ihr uns aufessen wollen! Ihr kennt das doch von euch: Am schönsten ist es, wenn der andere Spaß dabei hat.

Was ist pervers?

Wenn wir unsere erotischen Wünsche, Sehnsüchte und Vorlieben mitteilen, riskieren wir es, gedemütigt und abgelehnt zu werden. Die Angst, als pervers, abwegig, widerwärtig oder unnormal bezeichnet zu werden, ist groß. Die wenigsten fühlen sich »normal«.

Schon als Kleinkinder lernen wir, Spielzeuge zu meiden, die unsere Bezugspersonen mit Widerwillen betrachten. Viele geben sich deshalb mit dem Gängigen und Bekannten zufrieden. Es ist viel leichter, sich einfach auszuziehen und nackt aufeinanderzulegen, als sich wirklich zu entblößen und mitzuteilen, wofür wir uns schämen und zu welchen Fantasien wir uns selbst befriedigen.

Grundsätzlich gilt – wie in allen Bereichen der Liebe – der freie Wille. Erlaubt ist, was gefällt, solange beide damit einverstanden sind.

Viele Männer können es kaum glauben, aber wir Frauen bringen es durchaus fertig, den Wunsch nach Zärtlichkeit und Experimentierfreude im Bett zu äußern. Und nicht nur das: Wir nehmen eure Wünsche in der Regel mit Neugierde und Freude auf, sind eher enttäuscht, wenn ihr uns nichts anvertraut. Die meisten Frauen wollen euch im Bett alles sein. Wir werden schon »Nein« sagen, wenn uns etwas wirklich nicht gefällt, aber noch viel öfter werden wir »Ja« sagen und mit euch gemeinsam zu neuen Abenteuern aufbrechen.

Frauen fantasieren genauso wie ihr. Bücher und Filme wie »Fifty Shades of Grey«, Pornos von Erika Lust und »365 Tage« sind der perfekte Beweis dafür, dass auch wir uns durchaus in Fantasiewelten verlieren können. Doch Fantasien zu haben bedeutet nicht immer, dass wir diese auch ausleben möchten.

Manches, was wir uns ausmalen und vorstellen, erschreckt uns selbst. Doch sexuelle Fantasien sind keine heimlichen und zwanghaften Wahnvorstellungen, die auf einer frustrierten und nicht ausgelebten Sexualität fundieren, sondern ein natürlicher Bestandteil gesunder Sexualität. Unsere erotischen Vorstellungen bieten einen geschützten Raum, in dem wir unsere Hemmungen und Ängste überwinden können. In unserer Fantasie sind wir unwiderstehlich, wir könnten jede sein und es mit jedem treiben. Überall und immer.

Natürlich ist es schön, Fantasien mit unserem Partner zu teilen, uns dieser Lust gemeinsam voll und ganz hinzugeben. Fantasien zu haben ist gesund, es macht uns kreativ. An erotischen Wünschen ist nichts, was Unbehagen oder Schamgefühle wecken sollte, auch wenn uns etwas erregt, was nicht unserem Selbstbild, unseren Moralvorstellungen oder Überzeugungen entspricht. Auch bei uns kann es zum Beispiel vorkommen, dass wir dabei an jemand anderen als unseren Partner denken. Unser Verstand ist komplex, kein Grund, sich zu schämen.

Trotzdem ist es manchmal geiler, wenn wir unsere Fantasien für uns behalten. Nicht etwa weil wir uns dafür schämen, sondern weil sie durch das In-die-reale-Welt-Holen plötzlich an Intensität verlieren würden.

Auch stoßen uns sexuelle Fantasien weniger ab, wenn wir währenddessen sexuell erregt sind. (Das ist auch der Grund dafür, dass wir den Porno gar nicht mehr so sexy finden, nachdem wir es uns selbst gemacht haben.) Wenn unsere Fantasien plötzlich real wären, wenn wir den darin vorkommenden Personen Gefühle, Bedürfnisse, eine komplexe Gedankenwelt und Leben zusprechen würden, würden sie uns nicht mehr das geben können, was wir von ihnen wollen.

Und dann gibt es noch die Art von Fantasie, die wir gerne mit euch ausprobieren wollen. Hier besteht die Kunst darin, es anzusprechen, ohne sich dabei zu fühlen, als würde man sich einem großen Risiko aussetzen. Eine mögliche Eröffnung könnte sein: »Ich möchte gerne mit dir über etwas sprechen. Ich habe mich bisher immer davor gedrückt, aber es geht um unser Sexleben …«

Grundsätzlich gilt beim Sex, was sonst im Leben auch gilt: Je mehr ihr über etwas miteinander sprecht, desto besser wird es!

• Eine Frau kann immer!

Unsere Vagina liefert anderen keine eindeutigen Informationen darüber, wie viel Lust wir empfinden. Das heißt, wir können ganz schön was vorspielen, wenn wir es für nötig halten. Wir können sowohl eine gewisse Erregung heucheln, wenn wir das für sinnvoll erachten, als auch, wie bereits erwähnt, einen Orgasmus vortäuschen.

Ihr habt selbstverständlich recht, wenn ihr jetzt denkt, dass es besser wäre, sich nicht mehr zu verstellen. Aber aus den bereits genannten Gründen stöhnen einige Frauen lieber lauter, als offen anzusprechen, was gut war und was nicht. Das ist kontraproduktiv, das stimmt. Aber zu viele von uns haben schlechte Erfahrungen gemacht, mussten mit Druck, mit Argwohn oder sogar mit Beschimpfungen wie »Du bist halt frigide« zurechtkommen, wenn sie sich mitteilten. Das Ego mancher Männer lässt es einfach nicht zu, dass sie auch nur in Erwägung ziehen, sich selbst zu hinterfragen.

Das ist ganz schön eigenartig, wenn man bedenkt, wie oft sich Männer, besonders im Job, mit Feedback auseinandersetzen müssen. Dort lassen sie es zu, dass ihre Leistung bewertet wird, und versuchen sich zu verbessern, um es dem Chef oder den Kunden recht zu machen. Warum nicht dann, wenn es darum geht, die eigene Frau zu befriedigen?

Auch beim Thema Sex wollen wir mit unserer Vertraulichkeit nicht alleine dastehen. Die Angst vor Ablehnung führt dazu, dass dem anderen eine Pflicht auferlegt wird, sich auch zu öffnen. Deshalb bleiben viele von uns lieber in unserer Komfortzone, als das ungemütliche Gespräch zu suchen.

Und wenn ihr jetzt meint, euch wenigstens einer Sache sicher zu sein, und zwar der, dass Frauen Zärtlichkeiten lieben, muss ich euch enttäuschen. Hier wäre ebenfalls beiden geholfen, wenn wir uns so frei fühlen würden, uns klar und deutlich zu äußern: Wann sind wir von zu viel Küssen und Streicheln gelangweilt und wollen mehr? An welchen Stellen wollen wir eure Hände und Finger? Wann macht es uns an, wenn Zärtlichkeit in Kraft und Dominanz übergeht? Bahnt der Orgasmus sich eher bei kontinuierlich fortgeführten Bewegungen und Reizen an, oder wird das als quälend und unangenehm empfunden? Fühlt sich der Druck oder die Reibung schön an? Und wann empfinden wir Frauen uns als männlich und dominant?

Es sollte selbstverständlich sein – und zwar nicht nur in Sachen Sex –, dass Männer genauso ein Recht darauf haben, weiblich zu empfinden, wie es Frauen zusteht, sich männlich zu fühlen.

Von echter Erregung und Nichtübereinstimmung

Mag sein, dass das für euch alles komisch klingt und keinen Sinn ergibt. Vielleicht bekommt ihr auch immer mehr das Gefühl, dass es gar nicht möglich ist, überhaupt etwas richtig zu machen, wenn nicht mal unsere vaginale Reaktion ein verlässlicher Indikator dafür ist, ob wir sexuell erregt sind.

Was unsere Genitalien tun, hat nicht unbedingt etwas damit zu tun, wie wir Frauen uns fühlen. Diese Nichtübereinstimmung ist völlig normal und kommt zum Beispiel in Situationen vor, in denen wir einem körperlichen oder visuellen Reiz ausgesetzt sind und unser Körper zwar darauf reagiert, wir aber trotzdem keine Lust auf Sex haben. Oder aber wir sind total heiß und platzen fast vor Geilheit, aber die körperliche Reaktion bleibt aus und wir werden zum Beispiel nicht feucht.

Bei Männern gibt es eine fünfzigprozentige Überschneidung zwischen der Durchblutung der Genitalien und dem Grad der Erregung. Bei Frauen hingegen beträgt die Überschneidung nur zehn Prozent.[30] Der Unterschied liegt darin, dass die Vagina manchmal nur etwas darüber sagt, was wir erwarten, aber nicht darüber, was wir genießen. Nicht alles, was sexuell relevant ist, bedeutet auch, dass es sexuell anziehend ist.

Woher sollt ihr dann wissen, wann wir Lust haben?

Unsere Lust ist kontextabhängiger. Klar, könnt ihr auf Hinweise achten wie zum Beispiel unsere Atem- oder Pulsfrequenz. Wenn wir stark erregt sind, ziehen sich Beckenboden und Zwerchfell zusammen. Wir spannen Muskeln im Bauch, im Po und in den Oberschenkeln an, aber auch an den Waden, Füßen und Handgelenken. Am allersichersten wisst ihr es aber, wenn ihr wachsam seid und auf unsere Worte hört. Nur wir können euch sagen, wie wir empfinden, ob wir nach »mehr« verlangen, es »genau so« richtig ist oder sich etwas gut anfühlt.

Verlangen ist für den Großteil der Frauen situationsabhängig. Etwa fünfzehn Prozent der Frauen empfinden spontane Lust und wollen Sex aus heiterem Himmel, während dreißig Prozent sich nur dann Sex wünschen, wenn davor schon etwas Erotisches passiert ist. Etwa die Hälfte der Frauen erlebt Verlangen kontextabhängig, also als eine Kombination aus spontaner und responsiver Lust.[31, 32]

Auch unser Zyklus spielt eine entscheidende Rolle. An ihren fruchtbaren Tagen haben Frauen häufig mehr Lust auf Sex.

• Wie Frauen wieder mehr Bock auf euch kriegen

Das Geheimnis der Verführung liegt darin, nicht krampfhaft und gekünstelt verführerisch sein zu wollen. Männer sind in der Regel dann sexy, wenn sie nicht versuchen, sexy zu sein. Wenn ein Mann sich eigenartig über die Lippen leckt, seine Stimme verstellt oder besonders hauchig oder gespielt redet und auf der Lippe rumkaut, wirkt das in den meisten Fällen einfach nur aufgesetzt und lächerlich, wenig authentisch und abturnend. Das ist in etwa so unerotisch und peinlich wie die altbackenen Schwarz-Weiß-Aktfotos, auf denen zwischen den Pobacken eine farbige Rose steckt.

Wenn eine Frau zu Beginn einer Partnerschaft oder in der Beziehung keine Lust auf Sex mit euch hat, dann ändert sie ihre Meinung am wahrscheinlichsten, wenn ihr sie einfach lasst. Drängt sie bloß nicht! Glaubt mir, ein Mann, der sich seiner Wirkung bewusst ist und sich lässig zurücklehnt, weil er die Gewissheit hat, dass es früher oder später sowieso passieren wird, wirkt wie ein Magnet auf uns Frauen.

Ein Mann hingegen, der zu sehr darauf aus ist, wirkt genauso bedürftig und dadurch abschreckend auf uns wie eine Frau, die emotional abhängig und bedürftig erscheint, auf euch. Also, wenn ihr Sex von uns wollt, müsst ihr eigentlich so tun, als wolltet ihr keinen.

Drängeln gehört zu den größten Abturnern für uns Frauen.

Unterschiedliches Verlangen nach Sex zählt zu den Problemen, die innerhalb einer Beziehung entstehen. Der Partner mit dem geringeren Verlangen will zu selten, als dass es für den anderen, der mehr will, befriedigend wäre. Es ist normal, dass Menschen auch in diesem Bereich unterschiedlich sind, und wird nur dann zu einem Problem, wenn sich einer der Partner durch sein Verlangen überlegen oder besser fühlt. Klärt am besten vor einer Hochzeit, wie sexuell eure Zukünftige ist, indem ihr mit ihr über Sex redet.

Eine Bekannte von mir – eine wirklich wunderschöne, sehr liebe Frau, die eine gewisse Ähnlichkeit mit der Sängerin Rita Ora aufweist – hat mir mal nach einer Shoppingtour erzählt, dass sie gar nicht so viel Lust verspüre. Sex sei ihr nicht so wichtig.

Doch das störte ihren Verlobten sehr. Er fühlte sich durch ihr geringes sexuelles Verlangen häufig abgelehnt und unattraktiv, ergriff ständig die Initiative, während sie zunehmend mehr unter Druck stand. Immer wieder lehnte sie sein Flehen und Bitten ab, fühlte sich verletzt, beleidigt und gekränkt. Schließlich nahm sie immer mehr eine Abwehr-Haltung ein, weil sie durch sein Drängeln das Gefühl bekam: »Mit mir stimmt etwas nicht«. Doch während sie sich noch den Kopf darüber zerbrach, was mit ihr nicht richtig sein könnte, begann ihr Verlobter sich zu fragen, was denn mit ihm nicht stimme. Wollte er zu viel Sex? War er davon vielleicht sogar besessen oder süchtig danach? Gewitterwolken aus Frust zogen durch das Schlafzimmer der beiden.

Zu denken, dass mit einem selbst oder dem Partner etwas nicht stimmen könnte, ist ein absoluter Lustkiller. Dabei hat Lustlosigkeit nicht immer unbedingt etwas mit dem Partner zu tun.

Vielleicht sind wir Frauen manchmal deprimiert, besorgt und ausgepowert, weil wir uns ständig um andere kümmern und uns nach Erholung sehnen. Aber auch Stress, Angst, Schlafmangel, zu wenig Sport, die falsche Ernährung, Alkohol- und Drogenkonsum können Ursachen für unsere Nicht-Lust sein. Vielleicht wollen wir manchmal einfach nur existieren, ohne uns wünschen zu müssen, dass unser Körper anders aussehen oder reagieren würde. Vielleicht sind wir aber auch seit einer Woche nicht dazu gekommen, uns gründlich zu rasieren oder die Haare zu waschen. Doch bei allen Gründen, die es gibt, die uns weniger Lust machen, lebt tief in uns eine Sexualität, die sich zurückzieht, bis wir nicht mehr misstrauisch sein müssen und bereit sind, uns hinzugeben. Ihr könnt uns dabei helfen, indem ihr uns zu verstehen gebt, dass mit uns alles in Ordnung ist, dass wir richtig sind und heil.

Und es gibt Hoffnung. Ein Weg, sich einander wieder anzunähern und die Abturner auszuschalten, ist, den Kontext zu verändern und wieder sexuell relevante Reize einzubringen, die den Stein des Verlangens ins Rollen bringen.

Um das Verlangen zu maximieren, gibt es einige Strategien, die man anwenden kann. Doch sie funktionieren nur dann, wenn die Bremsen nicht angezogen sind. Solltet ihr weiter in einer Drängeldynamik feststecken, ist eine Therapie eine sehr gute Option. Ansonsten gilt:

1. Alles, was die Herzfrequenz steigert, hilft. Horrorfilme anschauen, Sport machen, Achterbahn fahren, Konzerte und Theater – alles, was euch aufregt, lässt euer Herz schneller schlagen. Die allgemeine Erregung steigt, und euer Hirn kriegt das mit. Der Mensch an eurer Seite wird als aufregender und anziehender eingestuft.

2. Bindung stärken, Herausforderungen gemeinsam meistern, schafft Intimität. Neue Dinge ausprobieren, auch im Bett, die ihr schon immer einmal testen wolltet, für die euch der Mut aber bislang gefehlt hat. Lasst das Licht an, schaut euch dabei in die Augen. Macht das Licht aus, fesselt euch, macht es euch zusammen selbst, massiert euch, experimentiert.

3. Nehmt euch als Paar etwas Wichtiges vor, auf das ihr hinarbeiten könnt. Plant regelmäßige Dates, plant eure sexy Time, das hilft euch beiden. Trefft vorher alle hygienischen Maßnahmen, damit ihr euch richtig fallenlassen könnt. Plant eine gemeinsame Reise, oder nehmt euch vor, eine Dinner-Party mit Freunden zu veranstalten, oder geht einfach mal auf ein Konzert oder ins Theater.

4. Sich selbst kennen: Wie wichtig ist mir Sex? Oder wie viel ist er mir wert, und was unternehme ich, um ihn in mein Leben zu holen? Ein konkreter Plan kann dabei helfen.

5. Sex lieben. Nur wenn wir Sex wirklich lieben und es nicht nur einfach tun, weil wir das Gefühl haben, dass es von uns erwartet wird, können wir richtig

genießen. Wir Frauen brauchen oft ein wenig Zeit, viele Gespräche und Geduld, bis wir die Verbindung spüren.

6. Vorspiel und Versöhnung: Früher hat es vielleicht gereicht, sich nach dem Streit anzugrinsen, ihr auf den Po zu hauen, sie umzudrehen und Versöhnungssex zu haben. Mit der Zeit werdet ihr mehr brauchen, um euch sexy zu finden und zu versöhnen. Dazu gehören klärende Gespräche und ein Vorspiel. Für Frauen fängt das Vorspiel meist mit dem Ende ihres letzten Orgasmus an. Und das kann alles sein, sogar wenn ihr das Geschirr spült.

Macht euch bewusst, dass es normal ist, dass euer Sexleben Höhen und Tiefen hat. Der Sex kann nicht immer magisch sein. Anfangs kennt ihr eure Partnerin noch nicht, alles ist neu und aufregend, aber das hält nicht lange. Es wird sich verändern, und es wird mit der Zeit womöglich auch langweilig werden. Wenn sie nicht mehr so viel Lust hat, sprecht sie an. Fragt: »Was bereitet dir am meisten Spaß?«, »Wie hast du es am liebsten?«, »Was brauchst du, um wieder Lust zu haben?«, »Was würdest du gerne mal ausprobieren?« Es wäre zu schade, wenn die Erotik auf der Strecke bleiben und eure Liebe nicht auch körperlich zum Ausdruck gebracht werden würde.

Sex gehört zu den schönsten Dingen der Welt. Was gibt es Intensiveres, als wenn zwei Wesen die allergrößte Nähe zueinander suchen und sich alle Poren ihres Daseins durch den Ansturm von Lust öffnen, wenn sie eins werden – zwei Köpfe, vier Arme und Beine, zwei gegeneinanderhämmernde Herzen?

• #metoo

Ich sag es mal so: Hätte ich dem ein oder anderen Treffen zugestimmt oder wäre ich auf den einen oder anderen Annäherungsversuch eines alten weißen Mannes eingegangen, dann hätte ich diesen Ratgeber wohl schon längst veröffentlichen können. Doch das habe ich nie getan.

Die #metoo-Debatte hatte monatelang die Talk-Shows, die Nachrichten und die sozialen Medien fest im Griff. Alleine mir sind seitdem fünf Gentlemen begegnet, die mir ein Kompliment machten und danach ihre Hände, wie ein Soldat, der sich ergibt, in die Höhe hielten und sich entschuldigten. Ihre erschrockene Frage lautete immer: »War das jetzt metoo?« Die Unsicherheit kriecht in alle Ecken.

Es ist nicht abzustreiten, dass vielen Männern nicht bewusst ist, wie sie auf die Außenwelt wirken. Für den ein oder anderen scheint das auch gar nicht so wichtig zu sein, weil er sich bislang auf seine Ressourcen und seine Machtstellung verlassen konnte. Natürlich wäre einigen von ihnen dabei geholfen, sich ihrer Widerlichkeit bewusst zu werden: Wirkt ein Zweiundsiebzigjähriger, der unsympathische und anzügliche Anspielungen macht, über die nur er selbst lacht wie ein angeschossenes Wildschwein, wirklich anziehend auf eine fünfundzwanzigjährige Frau?

Ich bin eine große Verfechterin der Streitschrift »Die potente Frau« der promovierten Philosophin und Chefredakteurin des *Philosophie Magazins*, Dr. Svenja Flaßpöhler. Sie plädiert darin für eine neue Weiblichkeit, zeigt einen alternativen Weg. Der Hashtag-Feminismus, so Flaßpöhler, behaupte, er befreie die Frau aus den Fängen des Patriarchats, doch wiederhole dieser nur wieder eben diese Denkmuster, indem er suggeriere, die Frau sei schwach, sie brauche Schutz und das männliche Begehren sei im Gegensatz zum weiblichen Begehren nicht existent.[33]

Ich möchte betonen, dass sie nicht abstreitet, dass brutale Gewalt von Männern gegen Frauen – und andersrum – existiert. Sie streitet auch nicht ab, dass es Situationen gibt, in denen Frauen keine Chance haben, und sie versucht erst recht nicht, das Leid, das durch eine Vergewaltigung entsteht, kleinzureden.

Situationen, in denen wir uns belästigt fühlen, sind wir Frauen in der Regel nicht ausgeliefert. Der Begriff der »sexualisierten Gewalt« ist so unspezifisch und unscharf, dass er ein breites Spektrum abdeckt. Somit sind auch die Erfahrungen der Frauen, die sich unter dem Hashtag #metoo ausdrücken, sehr unterschiedlich. Von einem Blick, einem dummen Spruch bis hin zur Vergewaltigung deckt dieser Hashtag verallgemeinernd vermeintlich alle Bereiche ab, in denen sich Frauen belästigt fühlen. Eben das erweckt den Eindruck systematischer Unterdrückung und festigt eine altbekannte Struktur, nämlich dass die Männer uns Frauen beherrschen. Es wird nicht differenziert und nicht herausgearbeitet, in welchen Situationen Frauen theoretisch einen Handlungsspielraum hätten.

Nach Flaßpöhler wünschen sich #metoo-Repräsentantinnen eine Welt, die sauber und rein ist, ohne Belästigung und sogar mit gesetzlich geregeltem Sex. Doch jede Verführung könne Gefahr laufen, als Belästigung wahrgenommen zu werden.[34]

Ich denke, dass sich #metoo-Repräsentantinnen vor allem wünschen, dass es gar nicht die Option eines Tausches von sexuellen Gefälligkeiten gegen irgendeine Form des Vorteils, zum Beispiel in der Karriere, gibt. Ich muss ihr auch in dem Punkt zustimmen, dass Frauen, je nachdem, wie attraktiv sie einen Mann finden oder nicht, und je nachdem, ob sie gerade in Stimmung sind oder nicht, ein und dieselbe Geste als Verführung oder eben als Belästigung wahrnehmen. Auch ich fühle mich bei einem Mann, den ich gut finde, wohl vielmehr geschmeichelt von einer Bemerkung, einer Geste oder einem Kompliment als bei einem Mann, den ich unattraktiv oder sogar abstoßend finde.

Aber geht es euch Männern nicht genauso mit Frauen, die ihr attraktiv findet? Eine in euren Augen schöne Frau kann sich viel mehr erlauben als eine »hässliche«. Sie wird mit viel mehr davonkommen, sich Ausrutscher erlauben dürfen, hat vielleicht sogar bei einer Notenvergabe oder einem Bewerbungsgespräch bessere Chancen – und auch dann, wenn sie euch gegenüber, auf welche Weise auch immer, kommuniziert, dass sie auf euch steht und gerne mal mit euch in die Kiste hüpfen würde.

Natürlich wäre es hilfreich, wenn einige Männer sich ihrer Widerlichkeit mehr bewusst wären, aber wenn dem eben nicht so ist, könnten wir daran arbeiten, es viel häufiger zum Ausdruck zu bringen – egal ob charmant, höflich oder schlagfertig –, wenn wir kein Interesse haben.

Wir sollten diese Männer in Zukunft viel öfter vor den Kopf stoßen, sie laut zurechtweisen, und zwar vor allen, die mit im Raum sind. Wir sollten uns viel mehr mit anderen Frauen solidarisieren, die – aus welchen Gründen auch immer – nicht in der Lage sind, Stellung zu beziehen und ihre Stimme zu erheben. Wir sollten versuchen, unser Recht auf Selbstbestimmung mehr in Anspruch zu nehmen. Auch wenn der Widerstand groß ist und wir es auf diese Weise manchmal riskieren, wichtige Beziehungen zu zerstören oder Brücken zum Einsturz zu bringen und ja, auch von Männern beschimpft zu werden – vertraut darauf, dass wir es in Zukunft sagen werden, wenn wir etwas nicht möchten und wenn wir eine Bemerkung unangebracht finden.

Wir vertrauen darauf, dass mittlerweile eine neue, anders erzogene und achtsamere Generation von Männern heranwächst. Dann muss sich in Zukunft auch kein Mann mehr ernsthaft Gedanken darüber machen, ob es in Ordnung ist, einer Frau ein nettes Kompliment zu machen.

Was Frauen dem Mann bieten

Viele Männer wollen eine starke Frau, bis sie merken, dass sie bei einer solchen Frau ihren Einsatz erhöhen müssen. Das ist unbequem, erfordert viel Arbeit, Disziplin und Biss.

Klar führt das zu Frust, klar ist das anstrengend, aber es ist kein Grund, Frauen, die viel von sich halten, zu degradieren, nur um sich selbst dadurch zu erhöhen.

Fragen wie »Was bietest du dem Mann, Prinzessin?« und Sätze wie »Frauen wollen wie Königinnen behandelt werden«, »Viel Spaß mit deinen Katzen«, »Wenn du so denkst, wirst du alleine sterben« und »Du und deine Feministinnen-Schwestern seid schuld« sind für uns Frauen das Abschreckendste und Unmännlichste, was ihr äußern könnt. Wir werden mit einem Mann, der so verbitterte und ätzende Sachen von sich gibt, nicht mal mehr diskutieren oder streiten wollen. Wir schützen uns vor so viel Gift und Negativität.

Nein, der Feminismus ist nicht schuld daran, dass Männer nicht bei den Frauen landen, die sie gut finden. Es ist nicht unsere Aufgabe, uns schwach und abhängig zu geben, damit ihr euch wie ein richtiger Mann fühlt und den Eindruck habt, von uns gebraucht zu werden. Es ist auch nicht unsere Aufgabe, unsere Ambitionen herunterzuschrauben, kleiner zu denken oder unseren Träumen nicht nachzujagen, nur damit ihr nicht mit uns konkurrieren müsst. Das muss mal gesagt werden.

Dass ihr Abfuhren von Frauen bekommt, die ihr gerne

kennenlernen würdet, ist etwas, womit ihr zurechtkommen müsst. Es ist etwas, was ihr ertragen müsst. Und anstatt zu lamentieren und euch darüber zu beschweren, wie schwierig Frauen geworden sind und dass man als Mann angeblich gar nichts mehr richtig macht, könntet ihr einfach mal versuchen, aus eurer Komfortzone zu kommen, und den Allerwertesten hochkriegen. Gebt euch Mühe, genau der Typ Mann zu werden, der eben diese Frauen, die ihr so gern wollt, anzieht – ohne diese hässliche Abwehrhaltung, die eben dazu führt, dass ihr euch von Anfang an blockiert. Wenn man nach den Sternen greifen will, muss man sich schon mal strecken.

Was viele Männer nicht verstehen, ist: Ihr könnt noch so gut aussehen, noch so gut im Bett sein, eine echte intime Verbindung mit einer Frau werdet ihr erst dann herstellen können, wenn sie sich mit euch sicher fühlt.

In jeder Frau steckt eine absolute Traumfrau. Wir brauchen nur den richtigen Mann an unserer Seite, um uns sicher genug zu fühlen, unsere feminine Essenz auch preiszugeben. Eine Beziehung besteht aus Geben und Nehmen. Und auch wenn es sich zunächst für euch nur wie ein Geben anfühlt, vertraut darauf, dass ihr alles zurückkriegen werdet. In der Natur schwimmt auch das Spermium zur Eizelle und nicht umgekehrt. Und das nehmen wir dann und machen daraus neues Leben.

Erst wenn ihr in der Lage seid, einen sicheren Raum für uns zu erschaffen, werden wir uns öffnen können und uns euch freiwillig hingeben. Erst wenn wir uns so sicher mit euch fühlen, dass wir der pursten Form unserer Emotionen freien Lauf lassen können, erst wenn wir spüren, dass ihr da seid und diese sicheren Strukturen für uns kreiert, erlauben wir uns, unsere feminine Essenz zuzulassen. Und dann werdet ihr Zeuge unserer ganzen Kraft und Macht. Unserer fürsorglichen Großherzigkeit. Unserer Gabe, zu genießen und unbeschwert zu sein. Wir werden uns euch voll und ganz hingeben, loyal, ganz weich und leidenschaftlich. Wir werden unsere Seele öffnen für die Natur, für eure Liebe, für Magisches, Kreatives und für das neue Leben, das mit euch verschmolzen ist und in uns entsteht.

Das ist das, was wir Frauen euch bieten.

Quellenverzeichnis

1 Knot Yet: *The Benefits and Costs of Delayed Marriage in America*, 2013 http://nationalmarriageproject.org/wp-content/uploads/2013/KnotYet-FinalForWeb.pdf
2 https://de.wikipedia.org/wiki/Ehelicher_Beischlaf
3 Barthes, Roland: *Fragmente einer Sprache der Liebe,* Frankfurt am Main: Suhrkamp 2004, S. 77
4 *Dopamine. Why You Can't Get Enough of Tinder* https://www.youtube.com/watch?v=sl8QpnuQ1a4 [22.11.2022]
5 Courtois, Cédric/Timmermans, Elisabeth: *Cracking the Tinder Code. An Experience Sampling Approach to the Dynamics and Impact of Platform Governing Algorithms, in: Journal of Computer-Mediated Communication, Volume 23, Issue 1, January 2018,* S. 1–16 https://academic.oup.com/jcmc/article/23/1/1/4832995?login=false [22.11.2022]
6 Morgan, Whitney: *A Social Psychologist Explains How Tinder has Become a Real Addiciton* https://whitneyv-morgan.medium.com/a-social-psychologist-explains-how-tinder-has-become-a-real-addiction-ffa18ce4ff17 [22.11.2022]
7 Smothermon, Ron: *Drehbuch 2 – Das Mann/Frau Buch. Die Transformation der Liebe,* Bielefeld: J. Kamphausen Verlag 2001, S. 237
8 Betz, Robert: *Liebe & Partnerschaft – Eine glückliche*

Beziehung ist kein Zufall https://www.youtube.com/watch?v=OJOZzdwTOPc [22.11.2022]

9 Fromm, Erich: *Die Kunst des Liebens*, München: Heyne 2002, S. 123–134

10 Perel, Esther/Shetty, Jay: *ON: Finding Love & the Real Reason Couples Break Up* https://www.youtube.com/watch?v=bPVYAq2nsgo [22.11.2022]

11 Ansari, Aziz: *Modern Romance. Auf der Suche nach Liebe im 21. Jahrhundert*, München: Goldmann 2016

12 Untreue-Studie: *Für jede vierte Frau beginnt Fremdgehen schon beim Flirten*, Hamburg: 2020 https://www.presseportal.de/pm/55165/4745560 [22.11.2022]

13 Schmitt, David P.: *Sociosexuality from Argentina to Zimbabwe. A 48-nation-study of sex, culture, and strategies of human mating*, in: Behavioral and Brain Sciences (2005) 28, S. 247–311 https://www.unl.edu/rhames/courses/current/readings/Schmitt-ocr.pdf [22.11.2022]

14 Perel, Esther: *Was Liebe braucht. Das Geheimnis des Begehrens in festen Beziehungen*, Hamburg: HarperCollins 2020

15 Gottman, John: *The Science of Trust. Emotional Attunement for Couples*, New York: W W Norton & Co 2011

16 De Botton, Alain: *Wie Proust Ihr Leben verändern kann*, Frankfurt: Fischer 1997, S. 203

17 https://de.wikipedia.org/wiki/Gr%C3%A4fenberg-Zone [22.11.2022]

18 Durex veröffentlicht neue Studie zum Sexleben der Deutschen, 2016 https://www.presseportal.de/pm/75025/3253390#:~:text=Laut%20den%20aktuellen%20Umfrageergebnissen%20dauert,und%2055%20Sekunden%20inklusive%20Vorspiel [22.11.2022]

19 Levin, Roy J./Wagner, Gorm: *Orgasm in Women in the Laboratory. Quantitative Studies on Duration, Intensity, Latency, and Vaginal Blood Flow,* in: *Archives of Sexual Behavior 14, no. 5*, 1985

20 Wallen, Kim/Lloyd, Elisabeth A.: *Female Sexual Arousal. Genital Anatomy and Orgasm in Intercourse,* in: *Hormones and Behavior 59, no. 5*, 2011

21 Hite, Shere: *Hite-Report, Das sexuelle Erleben der Frau,* München: Bertelsmann, 1976

22 https://de.wikipedia.org/wiki/Klitoris [22.11.2022]

23 Feuerbach, Leonie: *Wie schädlich sind Pornos?* https://www.faz.net/aktuell/gesellschaft/menschen/pornographie-als-massenphaenomen-wie-schaedlich-sind-pornos-16798590.html [22.11.2022]

24 Sereda, Evgeni: *Die meistbesuchten und meistaufgerufenen Websites in Deutschland – TOP 100 in 2021 und 2022* https://de.semrush.com/blog/top-der-meistbesuchten-webseiten/#top-10-der-meistbesuchten-websites-in-deutschland-2022 [22.11.2022]

25 *Veränderungen im Belohnungssystem. Was Pornos im Gehirn anrichten* https://www.aerztezeitung.de/Panorama/Was-Pornos-im-Gehirn-anrichten-274736.html [22.11.2022]

26 Suschinsky, Kelly D./Lalumière, Martin L./Chivers, Meredith L.: *Sex Differences in Patterns of Genital Sexual Arousal. Measurement Artifacts or True Phenomena?,* in: *Archives of Sexual Behavior 38, no. 4*, 2009, S. 559–573

27 Basson, Rosemary: *The Female Sexual Response. A Different Model,* in: Journal of Sex & Marital Therapy 26, no. 1, 2000, S. 51–65

28 Laan, Ellen/Both, Stephanie: *What Makes Women Experience Desire?,* in: *Feminism & Psychology 18, no. 4*, 2008

29 Flaßpöhler, Svenja: *Die potente Frau. Für eine neue Weiblichkeit,* Berlin: Ullstein 2018

Mehr zum Thema:

Alzate, Heli/Useche, Bernardo/Villegas, Magdalena: *Heart Rate Change as Evidence for Vaginally Elicited Orgasm and Orgasm Intensity*, in: Annals of Sex Research 2, 1989, S. 345–357

Bader, Michael J.: *Arousal.* The Secret logic of Sexual Fantasies, New York: St. Martin's 2002

Betzig, Laura: *People Are Animals,* in: Human Natura. A Critical Reader, Oxford University Press 1997

Bohlen, Joseph G./Held, James P./Sanderson, Margaret O./Margaret/Ahlgren, Andrew: *The Female Orgasm. Pelvic Contraction*, in: Archives of Sexual Behavior 11, no. 5, 1982, S. 367–386

Borg, Charmaine/de Jong, Peter: *Feelings of Disgust and Disgust-induced Avoidance Weaken Following Induced Sexual Arousal in Women*, PLoS ONE: 2012

Buss, David M.: *Evolutionäre Psychologie,* Pearson Studium 2004

Buss, David M./Barnes, M.F.: *Preferences in Human Mate Selection,* in: Journal of Personality and Social Psychology 50/3, 1986

Davson, Samantha J./Chivers, Meredith L.: *Gender Differences and Similarities in Sexual Desire*, in: Current Sexual Health Reports, 2014

Grammer, Karl: *Signale der Liebe. Die biologischen Gesetze der Partnerschaft*, München: dtv 2002

Heifetz, Ronald A.: *Leadership without Easy Answers*, New York: Belknap 1994

Illouz, Eva: *Warum Liebe weh tut, Eine soziologische Erklärung*, Berlin: Suhrkamp 2012

Kipnis, Laura: Liebe. *Eine Abrechnung*, Frankfurt: Campus 2004

Levin, Roy J.: *The Human Female Orgasm. A Critical Evaluation of Its Proposed Reproductive Functions*, in: Sexual Relationship Therapy 26, No. 4, 2011

Meana, Marta: *Putting the Fun Back in Female Sexual Function, Reclaiming Pleasure and Satisfaction*, Referat auf der Jahresversammlung der Society for the Scientific Study of Sexuality, Las Vegas, Nevada, November 2006

Mesquita, Batja: *Emoting. A Contextualized Process*, in: The Mind in Context (Hrsg: Mesquita, Batja/Feldman Barrett, Lisa/Smith/Eliot R.), New York: Guilford Press 2010

Nagoski, Emily: *Komm, wie du willst, Das neue Frauen-Sex-Buch*, München: Knaur 2015

Nast, Michael: *Generation beziehungsunfähig. Die Lösungen,* Hamburg: Edel 2016

Norwood, Robin: *Wenn Frauen zu sehr lieben. Die heimliche Sucht, gebraucht zu werden,* Hamburg: Rowohlt 1986

Pease, Allan und Barbara: *Warum Männer immer Sex wollen und Frauen von der Liebe träumen,* Berlin: Ullstein 2009

Perel, Esther: *Was Liebe aushält – Untreue überdenken. Ein Buch für alle, die jemals geliebt haben,* Hamburg: HarperCollins 2020

Person, Ethel S.: *Lust auf Liebe. Die Wiederentdeckung des romantischen Gefühls,* Reinbek: Rowohlt 1990

Popova, Maria: *Philosopher Martha Nussbaum on Anger, Forgiveness, the Emotional Machinery of Trust, and the Only Fruitful Response to betrayal in Intimate Relationships* https://www.themarginalian.org/2016/05/03/martha-nussbaum-anger-and-forgiveness/ [22.11.2022]

Schnarch, David: *Constructing the Sexual Crucible. An Integration of Sexual and Marital Therapy,* New York: W W. Norton & Co 1991

Tiefer, Leonore: *Sex Is Not a Natural Act and Other Essays,* Boulder: Westview Press 1995

Danksagung

Danke an Jörg Ortmann. Danke, dass du mich bestärkst, für mich da bist und immer das Beste für mich willst! Ohne dich hätte das Manuskript wohl nie so schnell seinen Weg gefunden. Ohne dich wäre ich wohl nicht einmal auf die Idee gekommen.

Cengizhan Onat – selten so einen selbstlosen Menschen wie dich getroffen! Danke von Herzen für deinen Einsatz!

Danke an Susanne Haffner für die tolle Zusammenarbeit.

Danke an meine Gesprächspartner für ihre Offenheit und danke an alle, die bei der Realisierung dieses Projekts mitgewirkt haben!

Danke an dich, dass du mein Buch gelesen hast.

Und last and least: Danke an die Männer, die mich enttäuscht, mir Kopfschmerzen und Liebeskummer bereitet haben. Wäre in Sachen Liebe immer alles rund gelaufen, wäre »Im Namen der Venus« wohl nie erschienen.